Sabina Manes

Mama ist ein Schmetterling,
Papa ein Delphin

Sabina Manes

Mama ist ein Schmetterling, Papa ein Delphin

Aus dem Italienischen von Rosetta Pillatzki

Redaktionelle Bearbeitung von Ingrid Veblé

Piper
München Zürich

Die Originalausgabe erschien 1993 unter dem Titel
»La mamma è una farfalla, papà un delfino«
bei Arnoldo Mondadori Editore, S.P.A., Milano

ISBN 3 492-03779-8

Umschlag: Federico Luci, unter Verwendung einer
Kinderzeichnung aus den Tests von Sabina Manes
Gesamtherstellung: Clausen & Bosse, Leck
Printed in Germany

Meinem Mann Furio gewidmet

Inhalt

Vorwort

»Wie ist deine Mutti?«

»Schön.«

»Und dein Vati?«

»Lieb.«

»Wie bist du?«

»Brav.«

Wenn Sie schon einmal versucht haben, ein Kind über seine Eltern auszufragen, oder einen Aufsatz über dieses Thema schreiben ließen, werden Sie gemerkt haben, daß Sie auf diese Weise nur recht belanglose Antworten bekommen. Für Kinder sind Eltern fast immer schön, lieb, dick, dünn, groß oder klein: und weiter nichts. Kinder reden nicht gerne über ihre Gefühle. Sie kennen viele Worte, aber um die Menschen zu beschreiben, die sie lieben, verwenden sie wenige und banale Adjektive.

Kinder formulieren nicht gerne Urteile über ihre Eltern; auch über ihre Ängste, ihre Eifersucht, ihre Traurigkeiten sprechen sie nicht gerne. Sie fürchten, sie könnten jemanden verletzen. Sie ziehen vor zu schweigen; oder sie gebrauchen Worte, um Gefühle zu verbergen, nicht um sie zu enthüllen.

Trotzdem sind Kinder scharfe Beobachter der Vorzüge und Fehler der Erwachsenen, aufmerksame Zeugen der Familien-Beziehungen. Ihre phantastische Welt ist reich, die Skala ihrer Gefühle sehr bunt.

Wenn Sie wissen wollen, was Ihr Kind von Ihnen denkt, oder wie glücklich es ist, dann fragen Sie nicht lange. Schlagen Sie ihm lieber vor, etwas zu malen. Beim Malen folgt das Kind ganz seinem Gefühl. Es drückt seine Wahrnehmung der Welt aus, enthüllt sein Unbewußtes. Es muß sich nicht vor dem Urteil der Erwachsenen schützen. Zum besseren Verständnis des kindlichen Seelenlebens lege ich hier einen Test vor, fast ein Spiel, den ich Zoo-Familie genannt habe. Ich habe ihn bereits mit sechshundert Kindern ausprobiert.

Geben Sie Ihrem Kind einfach Papier und Malstifte und bitten Sie es, sich die Familienmitglieder als Tiere vorzustellen und sie zu malen. Kindern fällt das normalerweise nicht schwer. Tiere nehmen schon sehr früh im kindlichen Erleben einen wichtigen Platz ein: sei es als Gummitier in der Wiege, als Stofftier im Bettchen oder, ab dem Kleinkindalter, die Tiere im Märchen und in der Zauberwelt der Zeichentrickfilme, und schließlich, mit dem Lesealter, auch in Comics.

Jedes Kind hat vermutlich irgendwann einmal ein neugeborenes Kätzchen bestaunt, einen kleinen Welpen zärtlich im Arm gehalten oder sich vor einem wilden Hund gefürchtet. Tiere erregen die Phantasie der Kinder, und sie projizieren ihre Gefühle, ihre Ängste auf sie. Das Kind wählt ein Tier aus, um einen Elternteil, einen Bruder oder sich selbst darzustellen, und es ist erstaunlich, wieviel es damit über seine Gefühle mitteilt, über seine Art, familiäre Beziehungen wahrzunehmen, oder darüber, wie es sich selbst einschätzt. Sie werden entdecken, daß eine Mutter »Giraffe« eine geliebte, bewunderte, sogar ein wenig zu wachsame Mutter ist, weil sie mit ihrem langen Hals einen guten Überblick hat und alles kontrollieren kann. Ein Papa »Küken« ist liebevoll, zärtlich, aber zu wenig beschützend für das Kind. Die Beziehungen zwischen einer Geschwister-»Katze« und einer Geschwister-»Maus« oder zwischen einem Vater »Adler« und einer Mutter »Lamm« werden klar.

Wenn Sie befürchten, Schwierigkeiten bei der Interpretation der Bedeutung mancher Tiere zu haben, die Ihr Kind gemalt hat, dann kann dieses Buch Ihnen helfen: Es ist so aufgebaut, daß Sie in alphabetischer Reihenfolge ein Kapitel für jedes Tier finden. Das Kapitel enthält die Information zur Symbolik und die möglichen Interpretationen der abgebildeten Zeichnungen. Die Tier-Porträts sind das Resultat einer umfangreichen statistischen Untersuchung und einer genauen Erforschung der Frage, wie Kinder von heute Tiere sehen. Am Ende des Buches werden Sie weitere Informationen finden, wie Sie die Zeichnungen interpretieren können.

Adler

Der Adler, Steinadler oder »Königs-Adler«, ist seit der Antike ein Himmel-Sonnen-Symbol, ein Bild der Höhe sowie der geistigen Kraft. In den Mythen der klassischen Welt wird er mit Jupiter identifiziert. In der nördlichen und orientalischen Mythologie ist er mit den Göttern der Macht und des Krieges verbunden. Die alten Römer hielten ihn für einen Boten des himmlischen Willens. Weil er aber ein Kraft- und Macht-Symbol ist, kann er im negativen Sinne Ausdruck von Stolz, Unterdrückung und Grausamkeit werden.

Wegen seiner männlichen Eigenschaften wie Macht, Stolz und Freiheit sieht C. G. Jung im Adler ein Vater-Symbol.

Kinder sind von diesem Raubtier, das über den Wolken fliegt, fasziniert; es heißt ja sogar, es könne der Sonne ins Angesicht blicken. Sie kennen die alten überlieferten Geschichten von Adlern, die Kinder rauben, um sie auf unerreichbare Gipfel zu entführen. Sie wissen, wie schnell er fliegt, kennen die enorme Spannweite seiner Flügel (zwei Meter) und daß er fähig ist, Lämmer und Rehe zu rauben. Für den Adler bevorzugen Kinder das Adjektiv »gefährlich« (49%). In ihren Bildern ist er meistens ein Symbol für männliche Personen (Vater, Brüder). Die wenigsten wählen dieses Raubtier als Darstellung ihrer selbst.

Vater »Adler« ist ein sehr bewunderter Vater. Man fürchtet ihn und respektiert seine Autorität. Manchmal wird er in Gegenüberstellung oder im Kampf mit einem anderen Mitglied der Familie gemalt. Im Bild 1 zum Beispiel läßt Walter seinen Vater »Adler« im Sturzflug auf einen kleinen See herunterbrechen, wo zwei sanftmütige Enten schwimmen: Mama und Schwester. Sich selbst hat Walter zusammen mit seinem Bruder auf einen kahlen Baum gesetzt: Sie schauen aus wie erstarrte Vögel oder wie Blätter.

In Bild 2 sehen wir Paola, acht Jahre alt, Miriams Zwillingsschwester. Paola ist ein ängstliches Mädchen. Auf ihre

Bild 1 *Walter, 9 Jahre alt: Antonio ich Vater Mama Miriam*

Schwester (extrovertierter und geselliger als sie) ist sie eifersüchtig. Sie hat eine liebevolle Mutter, die in der Familie unter der ständig schlechten Laune des jähzornigen und neurotischen Ehemanns leidet. Paola möchte es schaffen, mit ihrem Vater eine liebevollere Beziehung aufzubauen, aber durch seine Grobheit fühlt sie sich zurückgewiesen.

Im Bild ist sie selbst ein »Küken«, das von einem Vater »Adler« gepackt wird. Hinter ihm ist eine Mutter »Schaf« zu sehen, die ängstlich und bewundernd nach ihm schaut. Die Zwillingsschwester ist unten plaziert, ein schöner großer Schmetterling. Paola bewundert sie, schiebt sie aber auf die niedrigere Stufe ab. Sie wählt für sie ein Tier mit Flügeln, in der unbewußten Hoffnung, sie wegfliegen zu sehen, weit weg aus ihrem Leben.

Bild 2 *Paola, 8 Jahre alt: ich mein Papa meine Mama meine Schwester*

Das Kind, das sich selbst als Adler malt, träumt davon, Macht und Kraft zu besitzen, sehnt sich danach, waghalsige Taten zu vollbringen. Aber oft steht der Wunsch nach Größe im Widerspruch zu einer unakzeptablen und frustrierenden Realität. In diesem Sinne gleicht das Kind (und nicht selten auch der Erwachsene) durch ein überkompensierendes Verhalten die »Unangemessenheit« der Realität sowie das geringe Selbstwertgefühl aus. So ist es im Fall von Marcello (Bild 3), der unter leichtem Stottern leidet. Er befindet sich in ewigem Kampf mit der zwanzig Jahre alten, selbstsicheren Schwester, die aus einem nicht zugegebenen Eifersuchtsgefühl heraus sehr aggressiv zu ihm ist.

Der vaterlose Marcello malt seine Schwester an erster Stelle als Schlange und sich selbst als Adler mit spitzem

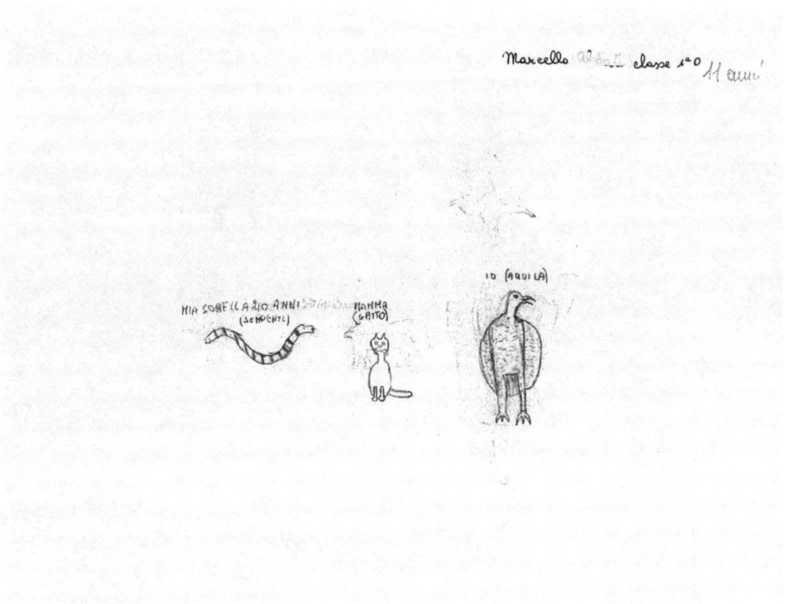

Bild 3 *Marcello: meine Schwester (20 Jahre, Schlange) Mama (Katze) ich (Adler) Marcello*

Schnabel und Krallen. Seine Flügel sind jedoch geschlossen (als Zeichen von Machtlosigkeit). Wer kennt nicht den mythischen Kampf des Adlers mit der Schlange?

Affe

Die Gewandtheit, das Nachahmungsvermögen, das drollige Verhalten sind für dieses, dem Menschen so frappierend ähnliche Tier charakteristisch. Bei einigen Völkern ist der Affe wegen seiner Spontaneität, Phantasie und Flinkheit ein Symbol für den Wind. Wenn man in Kambodscha um Regen bitten will, geht man den Affen jagen. Der Affe ist auch Symbol für übermäßige sexuelle Aktivität. In Indien umarmen unfruchtbare Frauen die Statue Hunamans, des heiligen Affen, um fruchtbar zu werden. In der christlichen Ikonographie dagegen ist er Abbild des von Sünden, vor allem von Unkeuschheit und Bosheit entwürdigten Menschen. Auch Freud und Jung sehen in ihm das Symbol der männlichen Sexualität und der unterdrückten, mit der erotischen Sphäre verbundenen Triebe.

In der (italienischen, d. Red.) Umgangssprache gebraucht man »Affe« für jemanden, der tückisch/bösartig und trotzig/schwierig ist.* »Einen Affen auf der Schulter haben«, bedeutet in Italien »unter Drogen stehen, ständig Rauschmittel brauchen«.** »Du bist mein Äffchen« ist jedoch zärtlich gemeint. Mütter sagen das scherzhaft zu ihren Kindern.

Im Tierpark halten sich die Kinder lange vor den geräumigen Affenkäfigen auf, schauen begeistert ihren Kunststükken zu: bewundern, wie geschickt sie sich bewegen und von Baum zu Baum schwingen, wie ihre kleinen Hände flink die Erdnüsse schälen, wie sie sich gegenseitig lausen, wie ausdrucksvoll ihre Mimik ist. In den Zeichentrickfilmen aller-

* Im Deutschen verwendet man eher die Ausdrücke »blöder Affe!« und »affig«, im Sinne von »eitel, eingebildet«. (d. Red.)

** Im Deutschen gibt es den Ausdruck »einen Affen haben« mit der Bedeutung »einen Rausch haben«. (d. Red.)

Bild 4 *Simone, 11 Jahre alt: mein Vater ich meine Schwester meine Mutter*

dings wird der Affe oft von seiner tückisch-bösartigen Seite gezeigt: Er klettert beispielsweise sehr schnell auf einen hohen Baum, von wo aus er irgendwelchen Leuten, die sich zufällig gerade unter ihm befinden, Kokosnüsse auf den Kopf wirft.

43% der Kinder finden sie »komisch«, 41,1% »boshaft«. Für die Eigenschaften »unruhig«, »neugierig«, »schlau« und um sich selbst oder ihre Brüder darzustellen, vor allem wenn diese boshaft sind, wählen die Kinder (typisch für das Alter) im Test den Affen. Seltener wird der Affe für die Darstellung der Eltern gewählt.

Wenn ein Kind dieses Tier für sich selbst wählt, das ja durch seine Eigenschaften gefährlichen Feinden wie dem Tiger entkommen kann, dann ist das manchmal ein Hinweis auf Fluchtwünsche aus schmerzhaften Familiensituationen. Ein Beispiel haben wir in dem Bild von Simone, elf Jahre alt.

Simone ist ein Kind geschiedener Eltern. Der Trennung gingen jahrelange Familienstreitigkeiten voraus, wobei die Mutter immer wieder den Mann wegen Ehebruch anzeigte. Die Frau ist von Beruf Ärztin und ist eine mindestens so starke Persönlichkeit wie ihr Mann. Sie reichte schließlich die Scheidung ein und bekam das Sorgerecht für die Kinder. Ihr Mann unternahm seinerseits eine Reihe rechtlicher Schritte, wobei er ein Gutachten einklagte, um das der Ehefrau zugesprochene Sorgerecht anzufechten. Simone und ihr neunjähriges Schwesterchen leben in Angst, Sorge und Spannung in der Beziehung zu ihren Eltern; sie fühlen sich benutzt. Letztlich empfinden sie sich als Objekte in einem Kampf des Paares, das in tiefem Groll aufeinander losgeht, und das in seinen Auseinandersetzungen am allerwenigsten von echter Liebe zu ihnen motiviert ist. Simone stellt die Mutter als Schlange mit gespaltener Zunge dar, der Vater ist ein gefährlicher Hai. Um ihn abzugrenzen und sich vor seiner (auch geschlechtlichen) Aggressivität zu schützen, zeichnet sie um ihn herum ein großes Aquarium. Es ist klar, daß sowohl sie als auch ihre Schwester versuchen, sich von einer solchen gefährlichen Situation fernzuhalten: Die Schwester ist ein Vogel, der gerade im Begriff ist zu fliegen, sie selbst ein Affe auf einem hohen Ast eines Baumes. Möglicherweise werden aber jetzt schon, als Folge einer solchen familiären Situation, die ersten psychischen Schäden erkennbar: Tatsächlich zeichnet sich das Kind als Affe ohne Schwanz, ein phallisches* Symbol, was auf Kastrationsängste hinweisen

* Im sogenannten »phallischen Stadium« der kindlichen Sexualentwicklung – folgt man dem Phasenschema der Psychoanalyse – werden die Partnerbeziehungen erstmals unter dem Gesichtspunkt des Geschlechts betrachtet. Es entsteht eine Rivalität zum gleichgeschlechtlichen Elternteil. (Anm. d. Red.)

könnte, oder, vorsichtiger formuliert, Ausdruck für einen Mangel sein könnte oder für Hilflosigkeit.

Ameise

»Da Du im Sommer gesungen hast, solltest Du im Winter tanzen.« So antwortet die Ameise in der berühmten Fabel von Äsop und weigert sich, der Grille etwas von ihrem Körnervorrat abzugeben.

In der westlichen Welt verkörpert die Ameise nicht nur Egoismus und Geiz, sondern auch Geschäftigkeit und Fleiß.* Die Fabel »Der goldene Esel« von Apuleius handelt von Amor und Psyche. In der ersten der vier Prüfungen, die die Psyche bestehen muß, um Amor wiederzufinden, wird ihr von Ameisen geholfen, aus einem Haufen von Korn, Gerste, Hirse, Mohnsamen, Linsen und Bohnen die einzelnen Körner auszulesen und zu trennen. Nach der Interpretation des Psychoanalytikers James Hillmann – eines Anhängers der Lehre von C. G. Jung – verkörpern die Ameisen untergründige Kräfte.

Es gibt wohl kein Kind, das nicht schon mal lange Straßen von überaus geschäftigen Ameisen beobachtet hat, wie sie sogar Gewichte schleppen, die beträchtlich größer sind als ihr eigenes. Es ist also nicht nur reines Bildungswissen, sondern entspringt auch direkter Erfahrung, daß die Kinder überwiegend, nämlich zu 80%, das Adjektiv »arbeitsam« für die Ameise wählen. An zweiter Stelle, mit 16,4%, steht das Adjektiv »wehrlos«, und nur 3,3% wählen »beißend«. Nur 0,7% der Mütter werden durch dieses Tier charakterisiert, während es ein wenig häufiger, nämlich mit 1,1%, den jüngeren Brüdern zugeordnet wird.

Mutter »Ameise« ist eine arbeitsame, fleißige und sparsame Frau. Die achtjährige Rossella hat ihre Mutter so darge-

* Bei den Indern entsprechen ihre winzigen Maße der Bedeutungslosigkeit und Mittelmäßigkeit des Menschen, der nicht nach dem Göttlichen strebt.

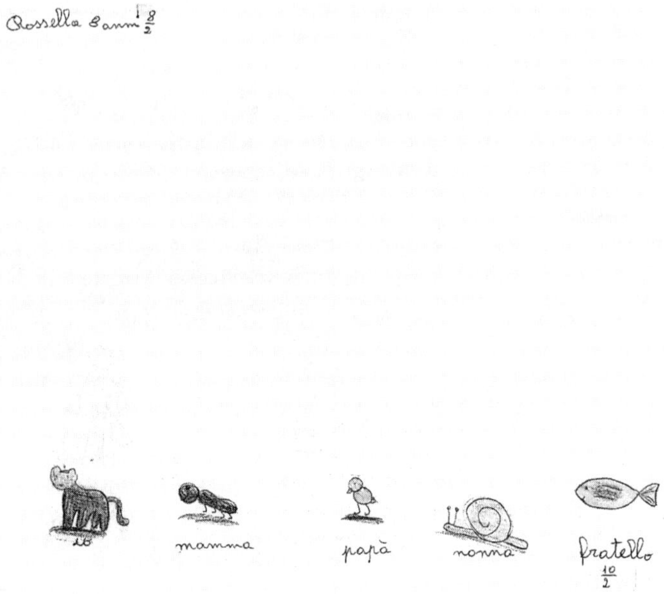

Bild 5 *Rossella, 8 Jahre alt: ich Mama Papa Großmutter Bruder*

stellt. Ihre Familie lebt in ärmlichen Verhältnissen in einem »schwarz« gebauten Haus am Rande der Hauptstadt. Die Mutter, eine scheue, stille Frau, bestreitet den Lebensunterhalt der Familie durch ihre Arbeit als Putzfrau in einem Schwesternheim. Der junge Ehemann, von willensschwachem Charakter, ist ohne Dauerbeschäftigung. In der Familie lebt auch die Großmutter mütterlicherseits (»Schnecke«) und der ältere Bruder, zehn Jahre alt. Die Zeichnung von Rossella zeigt den depressiven Zustand des Mädchens (»Katze«). Rossella quetscht die gesamte Familie an den unteren Bildrand. Bei allen Figuren kann man eine Atmosphäre der Trostlosigkeit wahrnehmen.

Bär

Der Bär aus Plüsch, weich und beruhigend, ist häufig das erste Spielzeug in der Wiege. Später trägt das Kind ihn mit sich herum, bis er vollständig abgenutzt ist – so wie Linus seine Decke mit sich herumträgt. D. W. Winnicott, ein berühmter englischer Psychoanalytiker, spricht (bei solchen bedeutsamen Gegenständen, die schon von Säuglingen auf charakteristische Weise benutzt werden, d. Red.) von »Übergangsobjekten«: einer Art Brücke, die das Kind zwischen der eigenen Subjektivität und der Wirklichkeit baut. Das Bärchen oder die Wolldecke werden vom Kleinkind als innere und gleichzeitig als äußere Dinge gesehen, das ermöglicht ihm, sich aus der Symbiose mit der Mutter zu lösen und mit der Umwelt zu interagieren. Die Beziehung zum Stoffbären wird symbolisch die Beziehung zur Mutter. Das Kind wird im Laufe der Jahre auf verschiedene Weise mit Teddybären zu tun haben, es wird Bücher mit Teddybär-Geschichten anschauen und dann auch Zeichentrickfilme (der gutmütige Jogi Bär und dessen Freund Bubu z. B.).

Mit den Jahren wird zu dem Idealbild und der affektiven Vorstellung des Spielzeugbären jenes des wirklichen Bären dazukommen, das die Kinder in der Schule vermittelt bekommen oder im Zoo gesehen haben. Die zwei Bilder vom Bären vermischen sich oder besser, sie stehen zueinander in Widerspruch, denn der echte Bär ist ein Riese von fast drei Metern und wiegt bis zu vierhundert Kilo. Am Nordpol ist er das größte und stärkste Raubtier, und er zögert nicht, den Menschen anzugreifen. Er führt ein einsames Dasein (daher »Brummbär« als Synonym für eine ungesellige, mürrische Person) und hält im Winter den Winterschlaf.

In den Bildern des Tests gibt es kein Tier, das unter solch gegensätzlichen Aspekten erscheint wie der Bär: jener beängstigende (welcher der Wirklichkeit entspricht) und jener sanfte und gutmütige (welcher dem Spielzeug des Kleinkindalters entspricht). Mit der Katze ist er das am häufigsten gewählte Tier in der Zoo-Familie. Er bezeichnet speziell den Vater (auf dem dritten Platz nach dem Löwen und dem Hund) und die Malenden selbst. Dagegen handelt es sich nur in wenigen Fällen um eine Mutter »Bär«. Bei letzteren herrscht der beängstigende Aspekt vor, der die psychoanalytische Interpretation des Bären als symbolische Darstellung einer besitzergreifenden, auffressenden Mutter bestätigen würde. Bei der Wahl der Adjektive haben die Kinder eine leichte Vorliebe für »verspielt« (30,6%) vor »naschhaft« (28,7%) und »stark« (18,6%). Nur 22,1% haben ihn als »gefährlich« bezeichnet. Bei diesen Bewertungen haben die

Bild 6 *Roberto, 9 Jahre alt: Mutter Schwester Vater Roberto*

Erinnerungen an den Teddybären aus Stoff und an die Zeichentrickfilme vorgeherrscht.

Kinder, die sich als Bärchen darstellen, ähnlich wie die aus Stoff oder aus den Zeichentrickfilmen, wünschen Zuneigung. Manchmal erscheinen sie sehr unreif. Roberto, beispielsweise, neun Jahre alt (Bild 6), hat im Kleinkindalter zahlreiche Krankenhausaufenthalte durchgemacht, da er unter einer rezidivierenden Form von Gastroenteritis litt (Magen-Darm-Grippe). Die Mutter, Vollzeit-Angestellte in einem Handelsbüro, konnte in dieser Zeit nicht immer bei ihm sein und wenn, dann nur mit großen Schwierigkeiten. Tanten und Freundinnen der Mutter wechselten sich ab, um ihm die langen Stunden seiner Aufenthalte zu erleichtern. Jetzt geht es Roberto gut. Vor drei Jahren hat er allerdings ein Schwesterchen bekommen, auf das er sehr eifersüchtig ist. Er möchte immer noch am Rockzipfel seiner Mutter hängen (»Schmetterling«). Leider ist er jetzt schon »groß«, und seine Eltern verlangen von ihm, daß er sich seinem Alter entsprechend verhält. Da aber die Kleinkindbedürfnisse in Roberto noch sehr stark sind, malt er sich selbst in seinem Bild ganz zuletzt als ein etwas verlorenes Bärchen neben der drohenden Gefahr eines Vaters »Leopard«. Die Schwester »Schwalbe« (die er gerne wegfliegen sehen würde) wendet sich glücklich ihrer großen Mutter »Schmetterling« zu.

In den folgenden Bildern haben wir die zwei verschiedenen und gegensätzlichen Versionen der Mutter »Bär«: die eine gut und sanft (Lauras Mutter), die andere gefährlich und feindselig (Gianlucas Mutter).

Laura (»Affe«), Bild 7, ist ein fröhliches Mädchen, aber sie ist trotzig und ein bißchen verwöhnt, weil sie als erstes Kind und nach langem Warten zur Welt gekommen ist. Die Mutter »Bärchen«, eine ruhige Frau, ist mit ihrer Rolle als Mutter und Ehefrau zufrieden. Sie erzieht mit Liebe ihre zwei Kinder (nach Laura wurde Roberto geboren) und widmet sich Wohltätigkeitsaktivitäten in der Pfarrei. Der Ehemann (»Löwe«) ist Architekt, arbeitet viel und verbringt

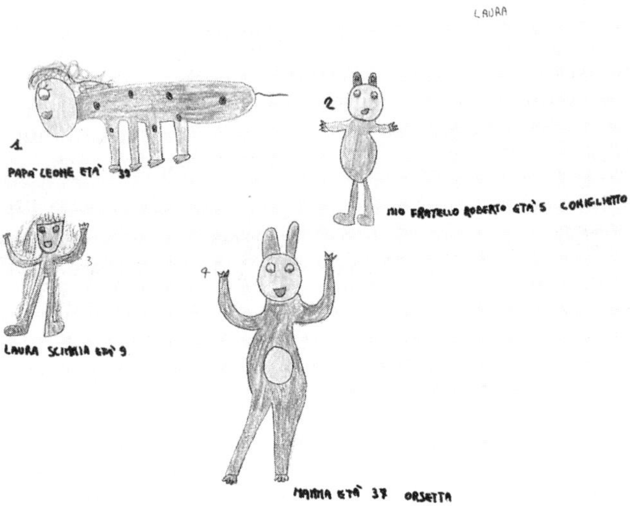

Bild 7 *Laura, 9 Jahre alt:* 1 *Vater, Löwe, 39 Jahre alt* 2 *mein Bruder Roberto, Häschen, 5 Jahre alt* 3 *Laura, Affe, 9 Jahre alt* 4 *Mama, Bärchen, 37 Jahre alt*

gerne seine Freizeit mit der Familie. Das Bild von Laura wirkt heiter, ganz anders als das von Gianluca, auch neun Jahre alt (Bild 8). Gianlucas Mutter »Bär« mit ihrem roten, offenen Rachen ragt bedrohlich im Bild hervor. Dagegen sieht auch der Vater »Tiger« machtlos aus, der ihr trotzdem entgegenspringt. In Wirklichkeit leidet die Frau unter schweren neurotischen Störungen. Sie wurde mit Gianluca schwanger, als sie noch nicht verheiratet war. Erst zwei Jahre später heiratete sie Gianlucas Vater, weil ihre Schwiegermutter zunächst gegen die Heirat gewesen war und behauptet hatte, es wäre nicht beweisbar, daß das Kind wirklich von ihrem Sohn stamme.

Deshalb hat Gianluca zwei Jahre mit seiner Mutter und der Großmutter mütterlicherseits zusammengelebt. Nach diversen Szenen und Erpressungen war der Vater dann doch mit der Heirat einverstanden, das Kind lebt jetzt endlich mit ihm und mit der Mutter zusammen.

Aber die Spannung in der Familie bleibt sehr groß. Eigentlich hat sich der Groll der Frau auf die Schwiegermutter und gegen den Ehemann nie ganz gelegt.

In der Zwischenzeit ist ein zweites Kind zur Welt gekommen. Die Mutter verbringt die ganze Zeit zu Hause und versucht sich selbst gegen die ständigen Komplotte zu verteidigen, die, wie sie glaubt, von Verwandten und Nachbarn gegen sie angezettelt werden. Die Kinder quält ihre bedrän-

Bild 8 *Gianluca, 9 Jahre alt: Papa Mama Simone ich*

gende Anwesenheit. Um sich vor dieser Situation zu schützen, zieht sich Gianluca in sich selbst zurück, er ist so stumm wie der blaue Fisch, den er für sich gemalt hat; der jüngere Bruder (»Seehund«) seinerseits flüchtet in das Spiel der Phantasie.

Biene (und Wespe)

Die Biene ist ein fleißiges, nützliches, unermüdliches Insekt. Sie kommt mit einer gewissen Frequenz in dem Test vor, vielleicht weil sie der Hauptdarsteller einer erfolgreichen Zeichentrickserie im Fernsehen ist. Das Kind erlebt die Biene ambivalent: Es weiß, daß sie nützlich ist, aber es weiß auch, daß sie angreifen, stechen, weh tun kann und dabei aber auch selbst sterben kann. In den Kinderbildern sehen wir sie in verschiedenen Aspekten: Mutter »Biene« wird sicherlich als eine aktive, beschäftigte, unentbehrliche, ein wenig distanzierte Frau wahrgenommen. Sie besitzt eine gewisse

Bild 9 *Cinzia: Papa Ich Mama*

Macht in der Familie (man denke nur an die Bienenkönigin). Man muß sie respektieren und sogar ein wenig fürchten (Bild 9 von Cinzia).

Das gilt auch für Vater »Biene«. Im allgemeinen aber charakterisiert die Biene die Mutter und die jüngeren Geschwister. Bei letzteren dominiert der negative Aspekt des Insekts: klein, lästig, gefährlich (es dringt zuviel in den Gefühlsraum des Zeichners ein). Sigmund Freud selbst hatte bereits festgestellt, daß die Insekten unerwünschte Geschwister symbolisieren. Ein Beispiel dafür bietet uns Alessandra (Bild 10), die eben ein Brüderchen bekommen hat. Die Biene ist ihr Bruder, der auf eine Blume fliegt, um Nahrung zu suchen. Die Mutter ist ein Schmetterling, der Vater ein gütiges Bärchen.

10 *Alessandra, 10 Jahre alt: Mama, Bruder, Papa, ich*

Alessandra stellt sich selbst, obwohl sie schon zehn Jahre alt ist, winzig klein auf einem Ast dar. Aber die markantesten Einzelheiten des Bildes sind: die enorme Leere um die Figuren und das Schutzbedürfnis Alessandras, die in der großen Weite des Baumes eingeschlossen ist.

Um die Gefühle des Kindes korrekt zu erschließen, kann man seine Bilder nicht genau genug betrachten: nicht selten wird die Biene mit der Wespe verwechselt. Wenn in ihrer Darstellung der Stachel hervorgehoben ist, überwiegt in dem Zeichner das aggressive und lästige Bild des Insekts vor seinen guten Eigenschaften.

Delphin

Dieses Tier wird schon seit der Antike sehr verehrt, ja angebetet, als Sinnbild der Freundschaft, der Intelligenz, der Weisheit. Der griechische Philosoph und Schriftsteller Plutarch erzählt, wie Arion vor dem Tode gerettet wurde, als die Besatzung seines Schiffes ihn ins Meer warf, um ihn umzubringen. Die Rettung kam von einigen Delphinen, die ihn aus den Wellen hoben und bis ans Ufer begleiteten. In den Anfängen des Christentums wird sogar Christus der Erlöser als Delphin abgebildet.

Diese hochintelligenten Waltiere haben in der Tat etwas

Bild 11 *Giulia, 8 Jahre alt: Papa Mama Bruder ich*

Menschliches: Sie geben Laute von sich, um ihre emotionale Verfassung mitzuteilen, sie sind liebevoll und sehr gesellig. Sie sind immer bereit, einem verletzten Kameraden zu helfen. Zu ihren Kindern, die sie fast ein Jahr lang säugen, sind sie sehr zärtlich. Mittels eines »Sonar«-Systems sind sie in der Lage, Laute durch das Wasser zu senden und zu empfangen. Diese besondere Fähigkeit erlaubt ihnen, Hindernisse zu erkennen und zu meiden. Außerdem haben sie ein besonders entwickeltes Gehirn, das dem menschlichen in seiner Komplexität ähnlich ist, was die Voraussetzung dafür ist, daß sie ziemlich leicht zu zähmen und zu dressieren sind, so daß sie spektakuläre akrobatische Kunststücke vollführen können. Den meisten Kindern ist der Delphin bekannt, und viele haben ihn schon bei den Darbietungen im Fernsehen oder in einem Delphinarium bewundert.

Der Delphin wird im Test zur Darstellung vorwiegend männlicher Personen verwendet, insbesondere des Vaters. Auf jeden Fall wird er für positiv besetzte Personen gewählt, die gesellig und lustig sind, und in die man großes Vertrauen hat.

Unser Beispiel stammt von Giulia, acht Jahre alt, die eine sehr gute Beziehung zu ihrem jungen und sympathischen Vater hat. Sie malt ihn als fröhlichen Delphin und nähert sich ihm als wunderbarer Fisch-Schmetterling (Bild 11).

Dinosaurier (und Drache)

Drachen hat es nie gegeben, Dinosaurier sind seit Jahrtausenden verschwunden, die Kinder interessiert das aber nicht: In ihrer Phantasie sind es wirkliche und existierende Tiere, deren Vorstellungen häufig miteinander verschmelzen, sich miteinander vermischen.

Drachen, jene Phantasietiere, die großen, feuerspeienden Reptilien gleichen, kommen in zahlreichen Mythen, Legenden und Märchen vor. In den mittelalterlichen Legenden bewacht der Drache sagenhafte Schätze, terrorisiert die Bevölkerung, verlangt Menschenopfer. Nur ein Held konnte gegen ihn etwas ausrichten. Sogar in der christlichen Religion erzählt man sich die Geschichte vom Heiligen Georg, dem Ritter aus Kappadokien, der gegen einen Drachen kämpft und ihn tötet, um die Tochter des Königs zu befreien.

Heutzutage dagegen präsentiert uns der Zeichentrickfilm eine drollige Figur: Grisu, ein kleiner Feuerdrache, Sohn eines Feuerwehrmannes (eine amüsante Darstellung des Vater-Sohn-Konflikts).

Wegen seiner enormen Größe und seinem Reptilkörper wird der Drache oft mit dem Dinosaurier oder mit anderen prähistorischen Tieren verwechselt. Die riesigen Ausmaße und eine gewisse Aggressivität im Aussehen sind ihnen gemeinsam: riesige Stacheln auf dem Rücken, mit Krallen bestückte Pranken. Im Test dienen sie im allgemeinen zur Darstellung der furchterregenden, omnipotenten, emotional-distanzierten Vaterfigur.

Im Bild 12 von Sirio sehen wir zum Beispiel einen Vater »Drache«, der Feuer speit, eine Mutter »Stier«, ein Brüderchen »Fisch« mit spitzen Zähnen. Sie befinden sich alle auf dem Marsch gegen ihn (den kleinen »Löwen«, der aussieht wie ein Küken). Der Vater von Sirio ist ein sehr strenger Oberst, voller phobischer Ängste. Seine Frau, eine Mathematiklehrerin, ist eine strenge und dominante Frau. Sirio

Bild 12 *Sirio: Drache Stier Katzenhai Löwe*

fühlt eine finstere, ernste familiäre Atmosphäre auf sich lasten. Auch die Beziehung zu dem jüngeren Bruder, auf den er besonders eifersüchtig ist, erlebt er konflikthaft.

Aber die Phantasie des Kindes kann auch die Realität auf den Kopf stellen. Der achtjährige Massimiliano malt sich selbst als riesigen Dinosaurier und seinen Vater als winziges Eichhörnchen, das auf einen Baumstamm flüchtet. Eine riesengroße Schwalbe in der oberen Bildhälfte symbolisiert die Mutter (Bild 13).

Massimiliano befindet sich in einer Phase kindlicher Allmachtsphantasien. Er möchte so stark und mächtig sein, daß er den Vater erschrecken und in die Flucht schlagen kann, um dann in den Genuß der alleinigen Beziehung mit der

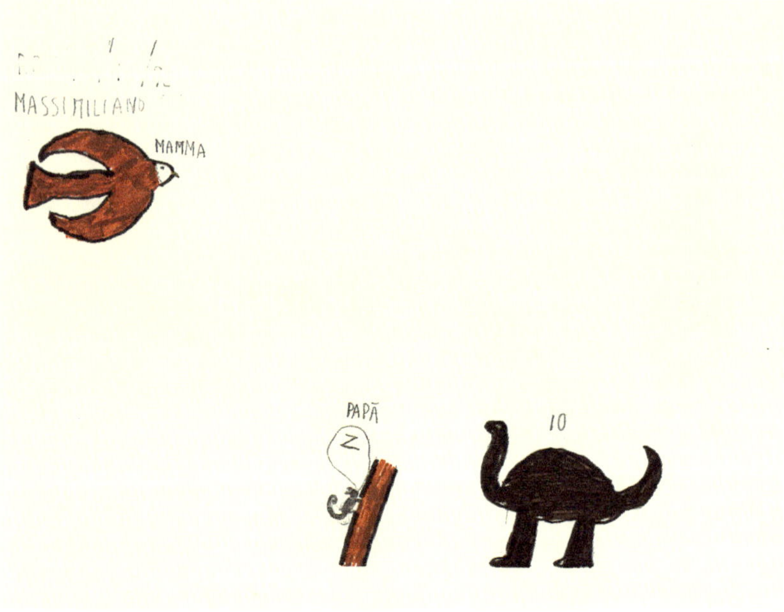

Bild 13 *Massimiliano, 8 Jahre alt: Mama Papa ich*

Mutter zu kommen, für die er noch ödipale Liebesgefühle hegt.

Eichhörnchen

Es ist wohl der lebhafteste, agilste und angenehmste Bewohner in unseren Parks und Wäldern. Es lebt im Blätterwerk, flitzt die Stämme und Äste mit schnellen und eleganten Bewegungen rauf und runter, springt behende von einem Baum zum anderen. Eicheln, Nüsse, Pinienkerne sind seine Lieblingsnahrung, die es sammelt und vorsorglich in seinem Bau für den Winter einlagert. Wegen seinem langen Schwanz, dem zierlichen Körper, der Gelenkigkeit, der netten Art sowie einer gewissen Geselligkeit wird es von den Kindern geliebt. Sie füttern es gerne, wenn sie es im Park

Bild 14 *Alessia, 10 Jahre alt: Donatella Papa ich Alessia Mama*

sehen. Walt Disney hat für die Kinder »Chip« und »Chap« erfunden, zwei ganz nette, lustige Eichhörnchen, die zwar schüchtern, aber hilfsbereit und sehr gierig auf Eicheln sind.

»Flink« ist das Adjektiv, das 63 % der Kinder für dieses Tier am häufigsten wählen, es folgt »ängstlich« (24,9 %) und an letzter Stelle »schüchtern« (10,7 %). Wegen dieser Eigenschaften wurde das Eichhörnchen im Test bevorzugt für die Charakterisierung von Kindern verwendet (ältere Geschwister oder das zeichnende Kind selbst) und nicht für Erwachsene.

Kinder, die sich mit diesem kleinen Nager identifizieren, sind schüchtern, unruhig, sensibel, liebesbedürftig. Oft fühlen sie sich von etwas bedroht. Die Wahl eines Tieres, das fähig ist, mit großer Schnelligkeit zu entfliehen, offenbart den Wunsch, vor peinlichen oder unangenehmen Situationen Schutz zu suchen.

Sehr oft finden wir tatsächlich neben einer Eichhörnchen-Figur ein wildes oder als gefährlich eingeschätztes Tier (Barbara, Bild 27; Nicola, Bild 28; Lorenzo, Bild 16). Eltern »Eichhörnchen« werden als schwach oder zumindest wenig beschützend wahrgenommen und lassen sich gefühlsmäßig kaum auf die Probleme der Kinder ein.

Alessia (Bild 14), zehn Jahre alt, hat eine sehr junge Mutter, die sich amüsieren will, die tanzen geht und attraktiv sein möchte. Alessia ist auf die kleine zweijährige Schwester sehr eifersüchtig: Sie zeichnet sie im Vordergrund als Kaninchen mit einer Karotte in der Hand (orale Bedürfnisse). Vor ihr sieht man einen eleganten Vater »Zebra«, der fest auf seinen Beinen steht. Alessia liebt ihn sehr und bewundert ihn, obwohl sie im Moment spürt, daß der Vater der kleinen Schwester mehr Aufmerksamkeit schenkt. Unten, unterhalb vom Vater, befindet sich die Mama, ein niedliches, lächelndes Eichhörnchen. Alessia, ein hübsches, süßes, liebesbedürftiges Hündchen, läuft davon über eine Wiese, ein wenig aus Spaß, ein bißchen um zu sehen, ob jemand hinter ihr herläuft, um sie zu suchen.

Elefant

Das herausragende Merkmal des Elefanten ist zweifelsohne seine massige Gestalt: Er ist das größte Tier auf der Erde. Deshalb wurden im Lauf der Zeit eine Reihe von Redensarten geprägt, die auf bestimmte, außergewöhnliche Merkmale Bezug nehmen: »Elefanten-Ohren«, »Elefantenhaut«, »ein Gedächtnis wie ein Elefant«, »sich benehmen wie ein Elefant im Porzellanladen«. Dieser Dickhäuter erregt nun wirklich die Phantasie, verursacht Staunen und Angst. Das bekamen die Römer zu spüren, als Pyrrhus in Italien an Land ging und sie in Schlachtordnung aufstellte. Hannibal brachte aus Spanien zwanzig Elefanten mit sich. Er überquerte die Pyrenäen, zog durch Südfrankreich und überwand die Alpen. In der Po-Ebene kam jedoch, um bei der Wahrheit zu bleiben, weniger als ein Drittel an.

Die Kinder kennen und bewundern die Elefanten im Zoo und im Zirkus, sehen sie in Filmen im Fernsehen und natürlich in dem Zeichentrickfilm »Das Dschungelbuch« nach R. Kipling. Sie träumen davon, einen Elefanten zum Freund zu haben oder wie Mowgli, der mit Hilfe des Elefanten Hathi ein feindliches Dorf zerstörte, einen Elefanten zu beherrschen.

Abgesehen von Walt Disneys Dumbo ist der Elefant eines der wenigen Tiere, das weder in Zeichentrickfilmen noch in Comic-Heften vermenschlicht wird, wie der Hase, der Wolf, die Gans, die Katze, die Maus. Er bleibt immer ein Elefant mit seiner imponierenden Masse und seiner Kraft.*

Nur schwer läßt sich der psychologische Raum ausfüllen, der die Kinder vom Elefanten trennt. Die Kinder wissen, daß er kein grausames Tier ist, daß er aber trotzdem vor keinem Hindernis haltmacht: Er schwimmt mit ungeahnter Ge-

* Hier hat S. Manes die französischen Kinderbücher von Jean de Brunhoff, »Babar, der kleine Elefant«, außer acht gelassen und die bei deutschen Kindern so beliebten Geschichten von »Benjamin Blümchen« (d. Red.).

Bild 15 *Simone: Papa ich Mama Roberto*

wandtheit durch Flüsse und Seen, macht sich in den dichtesten Wäldern den Weg frei. Das Elefantenbaby lebt ständig an der Seite seiner Mutter, vor der selbst das furchterregendste Tier sich sofort zurückziehen würde.

Eine »Elefanten«-Person im Test kann man, auch wenn sie nicht besonders aggressiv ist, auf keinen Fall als unwichtig oder gar unaufdringlich bezeichnen, man kann auch nicht ausschließen, daß sie nicht früher oder später jemanden übervorteilt. Alles in allem bedeutet die Größe des Elefanten für die Kinder Schutz. Aber wer kann sich vor einem wütenden Elefanten retten?

Simone (Bild 15) fühlt sich beschützt. Sein Vater »Elefant« hält ihn ganz nahe bei sich. Er verteidigt ihn vielleicht gegen eine Mutter »Tiger«. In Wirklichkeit lehnt die Mutter das Kind unbewußt ab, das an einer leichten Behinderung leidet.

Es gibt auch eine Oma »Elefant« (Bild 16), es ist die von Lorenzo: eine Herrscherin, die in der Familie die Macht in der Hand hat, eine wohltätige Macht, da sie die Familie finanziell unterstützt. Um sie herum kreisen in schwächerem Farbton alle anderen Familienmitglieder.

Der zehnjährige Valerio dagegen hat einen älteren Bruder »Elefant«. Er bewundert ihn, da er in der Familie der einzige ist, der der Autorität eines Vaters »Tiger« entgegentritt (Bild 17). Die Mutter, sanft und liebevoll, wird als Schwan dargestellt. Er neigt mehr dazu, sich mit ihr zu identifizieren als mit seinem Vater, den er als sehr gefährlich erlebt hat.

Bild 16 *Lorenzo, 10 Jahre alt: Elefant Bruder 7 Jahre Kusine 1 Jahr Katze Papa 40 Jahre Fuchs Schwester 5 Jahre Schlange ich 10 Jahre Eichhörnchen*

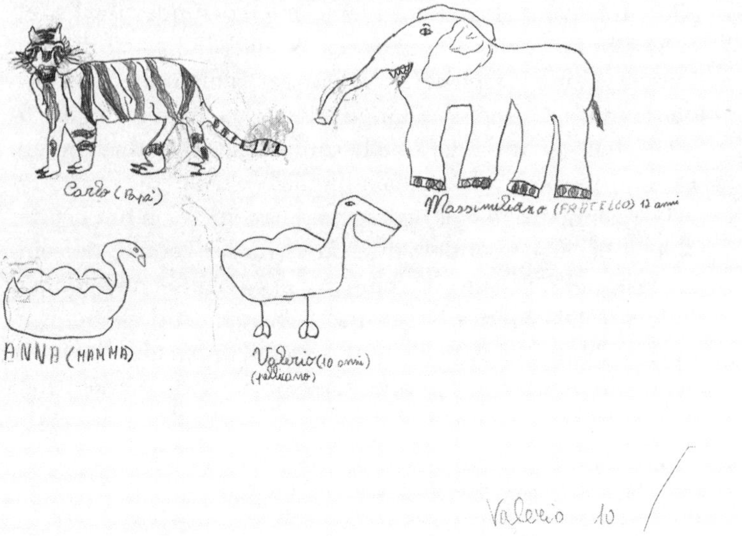

17 *Valerio, 10 Jahre alt: Carlo (Papa) Massimiliano (Bruder) 12 Jahre Anna (Mama) Valerio (10 Jahre) Pelikan*

Valerio malt sich als Pelikan und nimmt damit fast das gleiche Aussehen an wie die Mutter. Beide befinden sich unten im Bild, unter dem Tiger und dem Elefanten. Auf eine bemerkenswerte Art sind in diesem Bild die zwei Phallus-Symbole gegenübergestellt: der große Schwanz des Vaters »Tiger« und der ein wenig abgeschnittene Rüssel des Bruders »Elefant«.

Der kleine Elefant mit Rüssel wurde in einem Fabel-Test benutzt, um den Kastrations-Komplex des Kindes zu erforschen. Die Kurzgeschichte handelt von einem Kind, das einen niedlichen Elefanten mit einem langen Rüssel besitzt. Eines Tages, als das Mädchen nach Hause kommt, stellt es fest, daß der Elefant verändert ist. Man bittet nun das Kind, zu benennen, in welcher Hinsicht er verändert ist. Wenn es antwortet, daß man den Rüssel abgeschnitten oder kaputtgemacht hat, wird die Antwort als pathologisch eingestuft.

Esel

Der Esel ist immer schon das Symbol für Geduld, Bescheidenheit und Armut gewesen. In der christlichen Überlieferung war bekanntermaßen ein Esel das Tier, auf dem Christus in Jerusalem einzog (Palmsonntag); und auf einem Esel brachte der Heilige Josef die Mutter Gottes und das Kind nach Ägypten, um der Verfolgung durch Herodes zu entkommen. Neben dem Ochsen in der Krippe steht ebenfalls ein Eselchen. Die Schulkinder zweier vorausgehender Generationen haben jedoch noch die demütigende Bestrafung durch Eselsohren kennengelernt, wenn sie nicht gelernt hatten.* Diese negative Gleichsetzung mit Dummheit und Dickköpfigkeit geht auf eine sehr alte heidnische Legende zurück. Der Ausdruck »Eselsohren« ist eine Anspielung darauf. Apollo bestrafte König Midas damit, weil er die Flöte des Pan, der phallischen Gottheit, welche die Natur und die Orgien liebte, der sublimen Musik aus dem Tempel von Delphi vorzog.

Heutzutage sind sprachliche Ausdrücke wie »Eselsschönheit«,** »schuften wie ein Esel« gebräuchlich. Die Kinder kennen die berühmte Geschichte von Pinocchio, der Holzpuppe, welcher Eselsohren wachsen. Im alltäglichen Leben der Kinder jedoch ist es heute nicht mehr gang und gäbe, daß der Esel das Sinnbild für Dummheit ist. Außerdem ist der Esel ein Tier, das in der Kindheit heutzutage kaum mehr vor-

* In italienischen Grundschulen war es früher üblich, Schüler mit Eselsohren aus Papier, die am Kopf angebracht wurden, zu bestrafen. (Anm. d. Übers.)

** Der Ausdruck »bellezza dell'asino«, wörtlich übersetzt mit »Eselsschönheit«, bezeichnet im italienischen Sprachgebrauch die rein äußerliche Schönheit, die nur auf der Jugend begründet ist. (Anm. d. Übers.)

kommt. Die ländliche Gesellschaft stirbt aus, und in der gespiegelten Wirklichkeit von Trickfilmen und Comics ist der Esel kaum dargestellt. Als die Kinder aufgefordert wurden, ein Eigenschaftswort zu wählen, das ihn charakterisiert, gaben sie »arbeitsam« (49,4%) gegenüber »dumm« (33,5%) den Vorzug.

In der Zoo-Familie erscheint der Esel sehr selten. Er ist nicht Ausdruck für negative oder abwertende korrelative Zusammenhänge, wenn er auf Erwachsenen-Figuren bezogen wird.

Dem Vater »Esel« von Flavia (Bild 18) entspricht im wirklichen Leben in der Tat ein spröder und arbeitsamer Mensch. Er ist aus dem Süden gekommen und hat es inzwischen

Bild 18 *Flavia: Papa mein Bruder Mama ich*

19 *Stefano, 8 Jahre alt: Oma 67 Jahre Mama 36 Jahre Bruder 14 Jahre ich 8 Jahre Opa 67 Jahre*

mühsam zu bescheidenem Wohlstand gebracht. Dem Gefühlsleben der Tochter, die eine stärkere Bindung an die Mutter hat, widmet er nicht sonderlich viel Zeit. Flavia malt sich als »Entchen«, das neben der Mutter »Ente« in einem kleinen See schwimmt, welcher ein Symbol ist für die symbiotische, pränatale (vorgeburtliche) Bindung: Es wird unmißverständlich klar, daß sie sich noch in ein Schutz- und Abhängigkeits-Verhältnis von der mütterlichen Figur wünscht. Der ältere Bruder, den Flavia bewundert, ist als »Pferd« dargestellt, eine positive Entwicklung des Rangs, den der Vater einnimmt.

Kinder, die sich selbst als Esel malen, haben eine geringe Selbsteinschätzung. Sie glauben, mehr Lasten zu tragen, als sie zu tragen in der Lage sind (Verantwortung, Anforderungen in bezug auf Schulleistung oder gutes Benehmen).

Brüder »Esel« deuten auf eine gewisse Aggressivität auf seiten des Malers hin, auf einen Wunsch, sie geringzuschätzen oder zu verhöhnen. So ist es im Fall von Stefano, acht Jahre alt und vaterlos. In Bild 19 wird der Konflikt mit dem älteren Bruder offen sichtbar, der den Anspruch erhebt, die Autorität des abwesenden Vaters zu übernehmen. Stefano malt sich als Fuchs auf der Lauer und teilt dem Bruder die Rolle des harmlosen, ungefährlichen Tieres zu, das in sich gekehrt und in demütiger Haltung dahockt.

Fisch

Fische haben kaltes Blut, leben im Wasser, geben keine für uns wahrnehmbaren Laute von sich, sie ändern ihren Ausdruck nicht. Sie sind die geheimnisvollen Bewohner einer uns fremden Welt. Wir sind Säugetiere, atmen die Luft, geben Laute von uns, gehen auf der Erde. Wir können nicht im Wasser leben, genauso, wie sie nicht auf der Erde leben können.

Welchen Berührungspunkt wird ein Elternteil »Fisch« mit seinem Kind haben können? Der Fisch säugt nicht, streichelt nicht, tröstet nicht. »Stumm« bezeichnen ihn 58% der Kinder, »unfaßbar« 24,5%. Und doch erscheinen in ihren Zeichnungen viele Personen als »Fische« und zwar der unterschiedlichsten Art: Hammerhaie, Rotfische, Haie, Polypen. Einige mit deutlichen phallischen Formen, andere mit deutlich aggressiven Merkmalen, andere noch klein wie Föten, eingeschlossen in durchsichtige Flakons.

Für ein besseres Verständnis der Dynamik zwischen einem Kind und den verschiedenen Personen »Fisch« muß man sich unbedingt ganz genau anschauen, welchen Typus »Fisch« es auswählt und wie es ihn zeichnet. Hier betrachte ich zunächst die kleinen Fische, die nicht aggressiven, die meistens in Aquarien eingesperrt sind, unfähig zu kommunizieren. »Fisch«-Eltern sind nicht beschützend, beruhigend oder emotional nah. Sehen wir uns das Bild 20 von Erica, elf Jahre alt, an.

Erica kommt aus einer großbürgerlichen Familie, in der eine sehr formelle Erziehung praktiziert wird. Der Vater »Giraffe« ist ein hoher Beamter in einem staatlichen Unternehmen. Die Mutter stellt mit Hingabe Bilder aus getrockneten Blumen her. Für die Kinder brauchte sie immer Erzieherinnen. Nur wenn sie nachdrücklich darum gebeten wurde, beschäftigte sie sich etwas aktiver mit ihren Kindern.

Ericas Bruder ist acht Jahre alt, intelligent, gesellig, sucht nach Bestätigung. Er wird als Delphin gezeichnet, der aus dem Wasser auftaucht. Erica zeichnet die Mutter in einem hübschen kleinen Goldfischglas mit grünen Wasserpflänzchen. Ganz allein steht sie da auf einem Möbelstück, wie eine Dekoration, weit weg von ihrem Mann »Giraffe« und vom Sohn »Delphin«. Erica malt, nach wiederholtem Wegradieren, sich selbst an letzter Stelle als großen Schmetterling. Sie möchte gern schön und begehrenswert sein und stärker die Aufmerksamkeit auf sich ziehen in dieser so gefühlsarmen Atmosphäre zu Hause.

Die »Fisch«-Kinder sind ein wenig so wie Neugeborene im

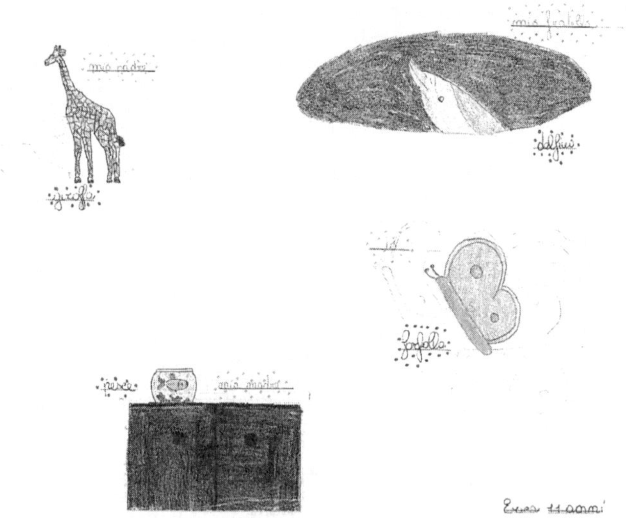

Bild 20 *Erica, 11 Jahre alt: mein Vater (Giraffe) mein Bruder (Delphin) meine Mutter (Fisch) ich (Schmetterling)*

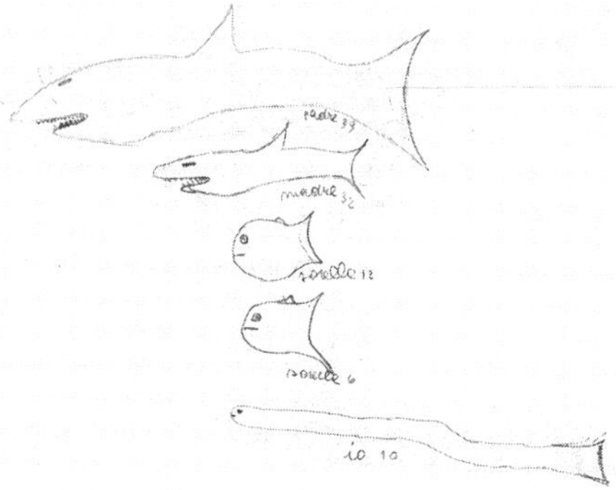

Bild 21 *Paolo, 10 Jahre alt: Vater 39 Mutter 32 Schwester 12 Schwester 6 ich 10*

Mutterleib. Wasser hat immer einen symbolischen Wert, es erinnert an das Fruchtwasser, also an den Uterus, an die Mutter, es symbolisiert den regressiven Wunsch nach einer behüteteren, angenehmeren Situation.

Eine besondere Zeichnung zeigt uns Paolo, zehn Jahre alt. Die Eltern streiten andauernd, leben getrennt im selben Haus. Der Vater hat ein außereheliches Verhältnis und möchte Frau und Kinder verlassen. Die finanzielle Situation erlaubt es ihm jedoch nicht. Die Stimmung in der Familie ist düster, voller unterdrückter Wut, Kommunikation findet nicht statt. Die Ehefrau läßt keine Gelegenheit aus, ihren Mann zu beschimpfen, und da sie finanziell von ihm abhängig ist, geht sie der täglichen Versorgung der Kinder und des

Hauses mit dem Gefühl einer unangenehmen Pflichterfüllung nach. Paolo, das älteste der Kinder, belastet dieses Familien-Unbehagen. Er versucht sich aus dem Krach der Eltern herauszuhalten, indem er sich passiv und entgegenkommend verhält. Schon oft hat ihn der Lehrer ermahnt, weil er zwanghaft masturbierte. Im Bild 21 sehen wir eine Rangleiter der Aggressivität: Alle Familienmitglieder sind Fische, die in Reih und Glied von oben nach unten gezeichnet sind. Erst der Vater als großer Hai, dann die Mutter, kleiner, aber mit der gleichen Aggressivität, dann die zwei Schwestern mit einer rundlichen Form und mit geschlossenem Mund, und endlich, am Boden eines hypothetischen Meeres, Paolo, ein langer, harmloser, phallischer Aal. Also eine Pyramide der Kontaktarmut, wo die Stärksten auf den Schwächsten lasten.

Fliege

Kein Insekt ist uns lästiger, ist uns weniger willkommen und wird strikter abgewehrt als die Fliege. Aber was noch schlimmer ist: Sie wird sehr leicht zum Überträger von Krankheiten. Bis vor fünfzig Jahren gab es sie überall. Die größere Hygiene und die Insektizide haben ihre Ausbreitung eingeschränkt, auch auf dem Land. Daran, daß man sie so leicht töten kann, erkennen die Kinder einen weiteren Aspekt: »ihre Schwäche«.

Im Volksmund gibt es Ausdrücke wie »lästig wie eine Fliege«, um jemanden zu charakterisieren, der einen nervt. Dagegen zeigt die (italienische, d. Red.) Redensart »die Fliege auf der Nase tanzen lassen« (far saltare la mosca al naso)* ein Verhalten an, das jemanden in plötzliche Wut versetzt, was schließlich in Gewalttätigkeit münden kann. Seuchen und Naturkatastrophen lassen Menschen »sterben wie die Fliegen«. Mit der Aussage »er tut keiner Fliege etwas zuleide« dagegen charakterisiert man eine harmlose, etwas langweilige Person.

Der römische Kaiser Domitian verbrachte seine Mußestunden damit, Fliegen zu fangen. Und auch die Kinder mit ihren flinken Händen tun das, um ihre Aggressionen abzureagieren. Wenn im »Zoo-Familie«-Test Geschwister mit nervenden (lästigen) Fliegen verglichen werden, dann kann man sich vorstellen, wie unerträglich eine Mutter »Tsetsefliege« wie die von Chiara sein muß (Bild 22). Im Bild des achtjährigen Danilo haben wir eine seltsame Insektenfamilie, wo sich solche Insekten, die nützlich sind, mit solchen, die schädlich sind, abwechseln (Bild 23): die Mutter »Biene« (gütig und lächelnd), der Vater »Fliege«

* Eigentlich muß es heißen: »Mi fai saltare la mosca«, wörtlich übersetzt: »Du läßt die Fliege auf meiner Nase tanzen«, was bedeutet, »du reizt mich aufs äußerste« (d. Red.).

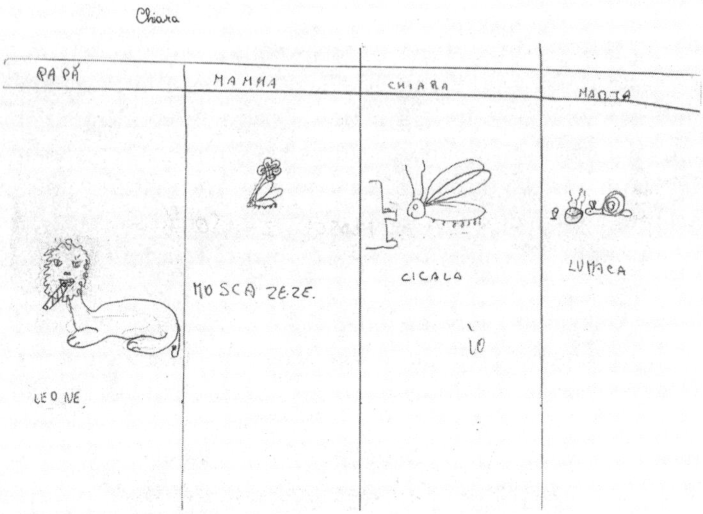

Bild 22 *Chiara: Papa Löwe Mama Tsetsefliege Chiara Zikade (Grille) Marta Schnecke*

(unnützlich und schädlich), Danilo auch als »Biene« wie das kleine Brüderchen, und der ältere, zwölfjährige Bruder als »Fliege«. Es ist also ziemlich einfach, die Gefühle von Danilo gegenüber den anderen Familienmitgliedern herauszulesen.

Wir konnten noch eine interessante Beobachtung machen: Bei so vielen Bildern gibt es trotzdem keines, das zeigt, daß ein Kind sich einer Fliege ähnlich fühlt und sich selbst als dieses Insekt darstellt. Kurz gesagt, wir Menschen spüren den Ärger, den der andere uns macht, aber niemand kommt auf die Idee, daß er vielleicht selber anderen Ärger macht.

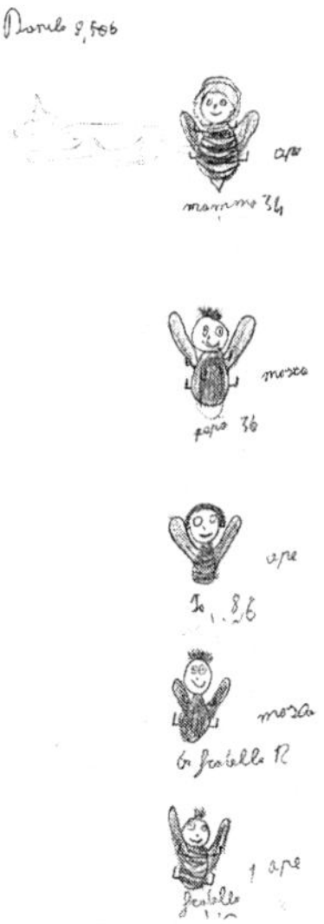

Bild 23 *Danilo, 8 Jahre alt: Mama Biene (34) Papa Fliege (36) Ich Biene (8,9) Bruder Fliege (12) Bruder Biene (1)*

Frosch

Wer hätte je gedacht, daß der plumpe, verachtete Frosch in der Welt der Phantasie wie der Poesie, Literatur und Musik soviel Erfolg haben würde. Schon im fünften Jahrhundert vor Christus beschrieb das älteste Epos über Tiere, die versehentlich Homer zugeschriebene »Batrachomymachie«, den Kampf des Fröschevolkes gegen das der Mäuse. Aristophanes schrieb die Komödie »Die Frösche«, und auch Euripides wird ein Werk mit diesem Titel zugeschrieben. Die Fabel von Phaedrus »Der Frosch und der Ochse« und die von Äsop

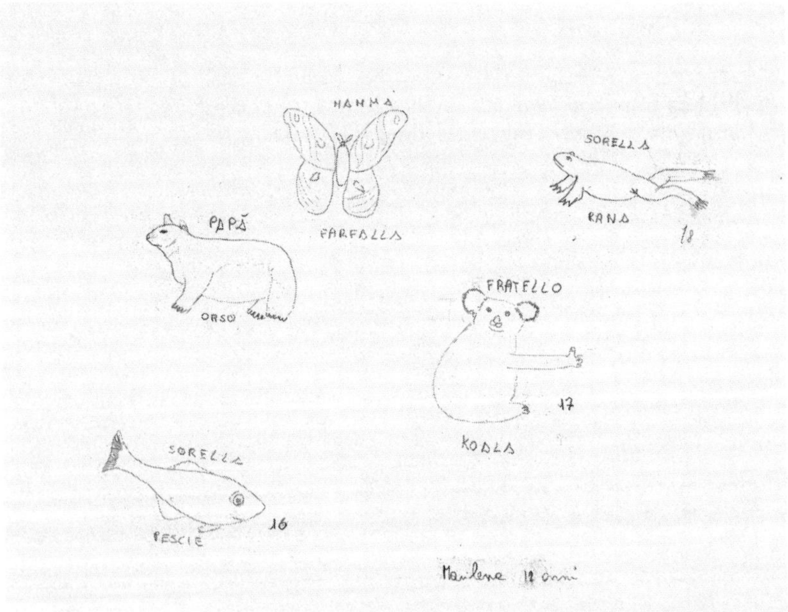

Bild 24 *Marilena, 12 Jahre alt: Mama Schmetterling Schwester Frosch (18) Papa Bär Bruder Koala (17) Schwester Fisch (16)*

»Die Maus und der Frosch« sind italienischen Kindern sehr bekannt.

Der Frosch zählt zu den Amphibien. Etymologisch bedeutet »amphibisch«: »zweierlei Leben«. Diese Art von Tieren wechselt in ihrer Entwicklung tatsächlich von einem ersten Leben ganz im Wasser und mit Kiemenatmung (Larve, Kaulquappe) zu einem ausgewachsenen Stadium mit Lungenatmung. Diese Wechsel lassen uns an die Entwicklung des menschlichen Fötus denken, der verschiedene Stadien der Entwicklung durchläuft, aus dem Fruchtwasser zum Leben an der Luft. Wahrscheinlich haben die Metamorphosen, die im Leben der Frösche stattfinden, die Phantasie der Leute, der einfachen wie auch der von berühmten Märchenschriftstellern (die Gebrüder Grimm zum Beispiel und Capuana) angeregt. In diesen Märchen erlebt man die Verwandlung des Frosches in einen Prinzen (Der Froschkönig) oder in eine Prinzessin (Die drei Federn und Krötenkopf).

In seiner berühmten Interpretation der psychoanalytischen Bedeutung der Märchen behauptet Bettelheim: »Auf der tiefsten Ebene symbolisieren die Frösche daher unser frühestes Leben; auf einer etwas zugänglicheren Ebene repräsentieren sie unsere Fähigkeit, von einer niedrigeren auf eine höhere Lebensstufe zu gelangen.«*

In den Bildern kommen nicht allzu viele »Frosch«-Personen vor. Es handelt sich bei diesen meistens um ältere Geschwister, um Jugendliche, weil sie da in einem typischen Alter des Übergangs, der Wandlung sind.

Für den Frosch wird von 51,9% der Kinder das Adjektiv »häßlich« gewählt, es folgen »glitschig«, »geschwätzig«, »lästig«, dieses letzte auf das dauernde Quaken bezogen. Es gibt allerdings Kinder, die ihn als »fröhlich« und »nett« bezeichnen. Eine »Frosch«-Person zeigt sich für gewöhnlich ge-

* Zitiert nach: Bruno Bettelheim, »Kinder brauchen Märchen«, erschienen bei dtv, München 1982, S. 117.

schwätzig, besserwisserisch, ist auf dem Weg zu einer Wandlung. Sie flößt keine Angst ein, vielleicht, weil Frösche in einem Teich ein leichtes Ziel sind für die kindliche Aggressivität.

Marilena, zwölf Jahre alt, ist das jüngste von vier Kindern. Sie wiederholt gerade die sechste Klasse. Sie lebt mit ihrer Familie in einer sozialen und wirtschaftlichen Situation am Rande der Gesellschaft. Der Vater (Bär) und die Mutter (Schmetterling) kämpfen hart, um die kinderreiche Familie zu ernähren. Die Kinder, eins nach dem anderen geboren, werden sich selbst überlassen. Die ältere Schwester (18 Jahre), die aktivere und extrovertierte (arbeitet als Verkäuferin), ist als Frosch dargestellt, der zweitälteste Bruder (17 Jahre), der noch viel Rückhalt braucht, ist ein Koala mit ausgestreckten Armen, die andere Schwester (16 Jahre), abwesend und in sich gekehrt, ist ein Fisch. Marilena sieht für sich keinen Raum in der Familie und zieht es vor, sich nicht zu zeichnen (Bild 24).

Fuchs

Schlau ist er, aber auch falsch. Er lügt sich sogar in die eigene Tasche. Nachdem es dem Fuchs in der berühmten Fabel von Äsop nicht gelungen war, an die Trauben zu kommen, entfernte er sich und sagte: »Sie sind nicht reif.« In »Pinocchio« gelingt es dem Fuchs, mit seinem an Schlauheit ebenbürtigen Kumpel, der Katze, die leichtgläubige Holzpuppe reinzulegen. Sie überreden Pinocchio, die goldenen Taler einzugraben, um daraus einen Monetenbaum wachsen zu lassen. Bei all seiner Schlauheit aber gelingt es dem Fuchs nicht, sich vor der Habgier der Menschen in Sicherheit zu bringen, die ihn wegen seines wertvollen Fells jagen.

Ganz allgemein ist der Fuchs das Symbol für Schlauheit von fast immer niederträchtiger Qualität. Im Mittelalter galt er als böser Geist und war ein Symbol für den Teufel. In China und in Japan wird ihm die Fähigkeit zugeschrieben, sich in Dinge oder verschiedenste Lebewesen verwandeln zu können, vor allem aber in eine Frau. Einige berühmte Persönlichkeiten haben den Spitznamen »Fuchs« gehabt. Rommel (deutscher General im Zweiten Weltkrieg) wurde »Wüstenfuchs« genannt. »Zorro«, die legendäre Figur aus zahlreichen Filmen und Comics, bedeutet im Spanischen »Fuchs«.

Auch Kinder sehen den Fuchs zu 72,3% als »schlau« an, zu 17,7% als »diebisch« und zu 10% als »flink«. Ungeachtet seines Rufs kommt der Fuchs selten in den Kinderbildern vor. Am ehesten noch dient er dazu, sich selbst oder die Geschwister zu charakterisieren, seltener jedoch die Eltern. Kinder, die sich als Fuchs zeichnen, haben ein gesundes Selbstwertgefühl, haben das Gefühl, daß sie intelligent sind, und sie sind sich ganz sicher, daß sie ihre gesamte Energie im Kampf gegen irgendein Mitglied in der Familie aufwenden müssen. Es ist ein gutmütiger Kampf, der auf Schlauheit und persönlichen Charme setzt, wie z.B. bei der zwölfjährigen Fran-

25 *Francesca, 12 Jahre alt: ich Fuchs Papa Fisch Mama Tiger Oma Krähe*

cesca, der einzigen Tochter einer sehr aktiven und unternehmungslustigen Lehrerin. Die Frau kämpft für einen sicheren Arbeitsplatz, liebt und verzieht die Tochter sehr, befindet sich aber im Konflikt mit der Schwiegermutter (Krähe) und mit dem Mann, der eine nichtssagende und passive Persönlichkeit hat.

Francesca stellt die Familienbeziehungen mit großer Ausdruckskraft dar (Bild 25): Sich selbst zeichnet sie an erster Stelle als großen Fuchs, der neugierig einen Vater »Fisch« anschaut, der in einer Glaskugel isoliert ist. Francesca wünscht sich so sehr ein direktes und befriedigendes Verhältnis zum Vater, aber sie spürt, daß er abwesend und in seiner Welt eingeschlossen ist. Unten rückt die Mutter »Tiger« auf leisen Pfoten zu dem großen schwarzen Vogel vor, der die Szene beherrscht. In der Wahl dieses Tieres für die Großmutter hat sich Francesca bestimmt von der negativen Meinung beeinflussen lassen, die ihre Mama von der Schwiegermutter hat. Man sagt ja wirklich »Krähe« zu einer störenden, unsympathischen, schwatzhaften Person.

Gans (und Ente)

Zu der Zeit, als die Pharaonen der Sonne gleichgestellt waren, galten die Gänse als die Verkörperung ihrer Seelen. Im alten Ägypten (und auch in China) betrachtete man Gänse als die Botinnen zwischen Erde und Himmel. Während der Zeremonien für die Thronbesteigung eines neuen Königs wurden vier wilde Gänse hoch in die Luft in die vier Himmelsrichtungen geworfen. Im Tempel der Göttin Juno in Rom wurden heilige Gänse gehalten. Im Jahr 390 v. Chr. rettete ihr Geschnatter die Stadt vor den Galliern, die das Kapitol erobern wollten. Oft wird die Gans mit dem Schwan verwechselt, vor allem in den keltischen Überlieferungen. Das Fleisch und die Leber dieses Tieres galten als vorzügliche Leckerbissen. Und wie berühmt sind erst die Federbetten aus Gänsefedern – sie sind teuer und werden in der ganzen Welt geschätzt.

Aber das Jahr 1934 brachte für diesen anspruchslosen Vogel den unaufhaltsamen Aufstieg. In diesem Jahr erfand Walt Disney Donald Duck, die freche rebellische Ente, die ständig Schlappen erleidet.* Donald Duck und seine drei Neffen Tick, Trick und Track, die sich im ständigen Kampf gegen den Geiz des steinreichen Onkel Dagobert aufreiben, haben den Weltmarkt der Comic-Hefte und der Zeichentrickfilme erobert. Sie waren und sind immer noch eine vergnügliche Unterhaltung für Generationen von Kindern und Erwachsenen.

In den Zeichnungen der Kinder finden wir zwei Wesenszüge dieses Tieres: die Mutter »Gans«, welche dem herkömmlichen Bild der Gans entspricht, das auf die Märchen zurückgeht (z. B. »Die Gans mit den goldenen Eiern« der

* Für die Kinder verschmelzen in dieser Comicfigur offensichtlich die charakteristischen Eigenschaften von Gans und Ente (d. Red.).

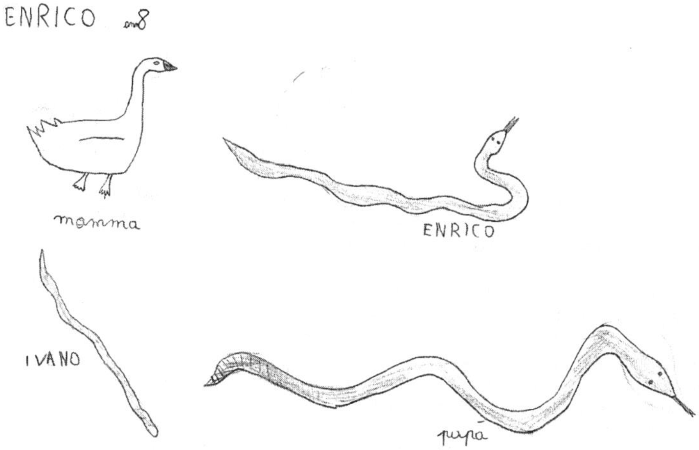

26 *Enrico, 8 Jahre alt: Mama. Enrico Ivano Papa*

Gebr. Grimm), während für die männlichen Figuren und für die Kinder das Aussehen und die psychologischen Eigenschaften der Zeichentrickente benutzt werden.

Mutter »Gans« ist meistens weise, friedfertig, gütig, zuverlässig. Ihr wird nicht die abwertende Bedeutung »dumm« zugeordnet, wie es im alltäglichen Sprachgebrauch üblich ist. Im Test bezeichnen sie 51,3% der Kinder als »gut«.

Das Mädchen, das sich selbst als Gans malt, ist meist ruhig, unselbständig (Gänse gehen im Gänsemarsch), ohne allzu viele Ansprüche oder Erwartungen. Wenn das zeichnende Kind seine älteren Geschwister als Gänse darstellt, bringt es Abwertung und nachsichtigen Spott zum Ausdruck. Die jüngeren Brüder »Entlein« sind dagegen Wirrköpfe, unternehmungslustig und witzig wie die berühmten Neffen von Donald Duck.

Im Bild 26 von Enrico, acht Jahre alt, sehen wir eine schöne, weiße Gans (die Mutter) als erste in der oberen linken Bildhälfte (die Person, die als erste gemalt wird, ist die, welche die größte Bedeutung im Gefühlsleben des Kindes hat). Neben ihr sieht man eine grüne Schlange, Enrico, unten noch eine kleine braune Schlange (der jüngere Bruder) und dann noch eine sehr große grüne Schlange (der Vater). Die Länge und die Größe der Schlangen stehen vielleicht in Beziehung zu der Virilität der drei Männer im Hause. Die graphische Darstellung ist eindrucksvoll: einerseits die Schamhaftigkeit der Mutter, andererseits die mehr oder weniger betonte Virilität des Ehemanns und der Söhne.

Das Bild Enricos erinnert an die antike Darstellung der Gans als Symbol der ehelichen Treue und an den alten Brauch, dem auserwählten Mädchen eine Gans zu schenken, was einer Aufforderung an das Mädchen gleichkam, seiner sexuellen Schamhaftigkeit und Zurückhaltung ein Ende zu setzen.

Geier (und Kondor)

Der Geier ist ein Raubvogel, der keinen guten Ruf genießt. Er ernährt sich vorwiegend von toten Tieren. Wenn man von einer Person sagt, er/sie ist ein Geier, dann schreibt man ihr extrem negative Eigenschaften zu wie Gier, Grausamkeit, Gefühllosigkeit. Kinder und mehr noch die Jugendlichen kennen dieses Tier aus Western- und Trickfilmen. Der Geier hat die Raubgier, die Schnelligkeit und Gefährlichkeit des Adlers, aber nicht seine majestätische Haltung.

Im Test wird er selten dargestellt, und er versinnbildlicht

Bild 27 *Barbara, 11 Jahre alt: Vater (Geier) Mutter (Eichhörnchen) Schwester (Katze) Ich (Koala)*

meistens männliche Personen. Er erscheint als Vater in der Zeichnung von Barbara, Bild 27, einem elfjährigen Mädchen, Tochter eines strengen und autoritären Polizeimeisters. Die Ehefrau, inzwischen nur noch Hausfrau, zeigt sich ihm gefügig und flüchtet für mehrere Stunden täglich ins Haus ihrer Mutter. Barbara ist die Älteste. Als sie geboren wurde, arbeitete ihre Mutter als Verkäuferin, und deshalb wurde Barbara in die Kinderkrippe gebracht und später in den Ganztagskindergarten.

Nach der Geburt der zweiten Tochter hörte die Mutter auf zu arbeiten und widmete sich mehr der Kleinen und der Familie. Barbaras Schwester ist extrovertiert und fröhlich und

Bild 28 *Nicola: Papa (Walfisch) Mama (weiblicher Geier) Ich (Bär) Schwester, 5 Jahre (Eichhörnchen)*

zieht deshalb leicht die Aufmerksamkeit der Eltern auf sich. Barbara leidet darunter, fühlt sich ausgeschlossen und unterschätzt. Der Vater beherrscht als »Geier« ihr Bild, Mutter »Eichhörnchen«, zu Vaters Füßen, scheint wie zum Gebet gebeugt. Das Schwesterchen schaut aus wie eine Katze, die weiß, was sie will, und steht fest auf ihre Pfoten gestemmt da. Barbara, als Koala, mit dem Rücken zum Betrachter, schaut über die Schulter, streckt die Arme aus, eine Stütze oder einen Halt suchend, der nicht da ist.

Nicolas Mutter ist Notarin. Nach vielen Jahren im Streit mit ihrem Mann trennte sie sich von ihm. Momentan steht sie mitten in der Auseinandersetzung mit ihm um das Sorgerecht und den Unterhalt der Kinder. Er ist Ingenieur und ein gutmütiger Mensch, der sehr um die Kinder besorgt ist, an denen er sehr hängt. Er möchte wenigstens Nicola, den Ältesten, bei sich behalten. In Bild 28 wird er von Nicola als großer, lächelnder Pottwal dargestellt, die Mutter als Geier im Sturzflug, er selbst als Teddybär, aufrecht und steif mit geschlossenen Augen, um sich die Situation nicht anschauen zu müssen. Daneben sieht man eine Schwester »Eichhörnchen«, die auch wie ausgestopft ausschaut.

Giraffe

Obwohl sie nirgendwo als Protagonist erscheint, weder in berühmten Märchen und Fabeln, noch in Fernsehgeschichten oder Zeichentrickfilmen, hat die Giraffe im kindlichen Kosmos Achtung einflößende Eigenschaften: der überlange Hals, die Größe von circa sechs Metern und die riesigen, ausdrucksvollen, sanften Augen. In gewissem Sinne (vor allem wegen ihrer Größe) ist sie ein unnormales Tier. Die Kinder zeichnen sie als liebevolles, gütiges, lustiges Wesen. 57% bezeichnen sie als »neugierig«, 36,5% als »schön«. Die

Bild 29 *Simona, 9 Jahre alt: Nr. 1 Papa, 36 Jahre, Giraffe Nr. 2 Mama, 34 Jahre, Zebra Nr. 3 Simona, 9 Jahre, Bärchen Nr. 4 Federico, 6 Jahre, Kätzchen*

Bild 30 *Arianna, 8 Jahre alt: Nr. 3 Arianna, ich, 8 Jahre, Äffchen Nr. 1 Papa, 28 Jahre, Bär Nr. 2 Mutter, 25 Jahre, Giraffe Nr. 4 Mariano, Bruder, 9 Jahre, Tiger*

Eigenschaft »neugierig« hat eine zweifache Valenz, was die Bedeutung betrifft: »neugierig« im Sinne von »komisch« und im Sinne von »aufmerksame Beobachterin«. Die »Giraffen«-Personen, zum größten Teil Mütter, werden von Kindern mit Respekt, Bewunderung und Zuneigung erlebt. Irgendwie aber empfinden sie sie als ein bißchen zu sehr beobachtend und kontrollierend (die Giraffe verfügt wegen ihres langen Halses über einen sehr guten Überblick!). Aber Mutter und Vater »Giraffe« werden nicht gefürchtet: Es sind zahme, gesellige Tiere (sie bewegen sich in der Herde zusammen mit Zebras und Antilopen). Sie schreien und sie schimpfen nicht (Giraffen haben übrigens keine Stimmbänder). Zweifellos ist es für ein Kind nicht einfach, mit solch einem großen Tier in Kontakt zu treten: »So klein«, wie es ist, empfindet es sich gegenüber einem Elternteil »Giraffe« als ungenügend.

Schauen wir uns das Bild von Simona, neun Jahre alt, an. Die Eltern, ein sehr gut aufeinander eingespieltes Paar, möchten oft ihre Zweisamkeit genießen. Der Vater »Giraffe« ist Rechtsanwalt, die Mutter »Zebra« Angestellte. Simona verbringt mit ihrem sechs Jahre alten Schwesterchen viel Zeit zu Hause mit dem Babysitter. Sicherlich möchte sie einen Vater haben, den sie mehr mit ihren Reizen für sich einnehmen kann (im Bild trägt sie Schleifchen im Haar und Bändchen um den Hals); die Eltern gehen jedoch häufig abends oder über das Wochenende weg. In ihrem Wunsch, von ihm liebkost und geschmeichelt zu werden, malt sich Simona als hübsches Bärchen mit erhobenen Armen in der Erwartung, daß der Vater sie auf den Arm nimmt.

Die Mutter »Giraffe« von Arianna (Bild 30) ist eine extrovertierte Frau, die sich hingebungsvoll dem Haushalt und den Kindern widmet. Die Beziehung zu ihrem Mann (Bär) ist schwierig wegen seines jähzornigen Charakters. Er trinkt, ist immer wieder arbeitslos und selten bei seiner Familie.

Der ältere Bruder (Tiger), ein seelisch gestörter Junge, hat Probleme, was die Disziplin und die schulischen Leistungen betrifft. Arianna dagegen ist fleißig in der Schule, ist bemüht, nicht in die Familiendynamik verstrickt zu werden, und geht sowohl den Streitigkeiten zwischen den Eltern als auch der Aggressivität des Bruders aus dem Weg. Sie malt sich als Affe mit komischem Gesichtsausdruck, aber mit dem Wunsch, bei dem ersten Zeichen einer Auseinandersetzung zu fliehen.

Gorilla

Der Gorilla ist für die Kinder ein Symbol der Gewalt, der offensichtlichen Sexualität des furchterregenden und ins Riesengroße gewachsenen Ebenbildes des Erwachsenen. In zahlreichen Abenteuerfilmen rauben Gorillas Frauen, verwüsten mit unkontrollierter Wut alles, was sie vorfinden, sogar ganze Städte, wie der berühmte verliebte Gorilla King Kong.

In der Umgangssprache ist Gorilla zu einem Synonym für »Leibwächter« geworden, weil es auf ihre Gewalttätigkeit

Bild 31 *Daniela, 11 Jahre alt: Affe Papa Löwin Mama meine Schwester Schlange, 14 Jahre ich Frosch*

Bild 32 *Pierlorenzo, 10 Jahre alt: Papa Gorilla, 45 Pierlorenzo Affe, 10 Mama Katze, 29 Onkel Hund, 22 Oma Wal, 53 Opa Delphin, 56*

und physische Stärke hinweist. Wer ein Familienmitglied als dieses Tier darstellt, fürchtet seine Sexualität. Er kann sich gleichzeitig von ihm angezogen, erschreckt oder in Rivalität mit ihm fühlen. In Bild 31 zeichnet Daniela den Vater als riesigen, dunklen Affen, bei dem nicht so sehr die Kraft oder die Gewalt als vielmehr die Virilität (Penis, Schwanz) hervorgehoben wird. Die Mutter (Löwin) schaut ihn bewundernd an. Hinter ihr aber ist eine riesige Tochter »Schlange« zu sehen, die sie zu überwältigen versucht.

Pierlorenzo, zehn Jahre alt, rivalisiert mit dem Vater. Er lebt in einer »erweiterten« Familie: Mutter »Katze«, Onkel »Hund«, Oma »Wal«, Opa »Delphin«. Den Vorrang in bezug auf Stärke und auf Virilität gibt er aber dem Vater, einem großen Gorilla, der seine Stärke demonstriert, indem er mit seinen zwei erhobenen Armen einen schweren, schwarzen Balken hochhebt. Pierlorenzo weiß, daß er kleiner ist, und zeichnet sich als Affen, aber einen riesigen Affen, der mit nur einem Arm einen ähnlichen Balken hebt. Mehr noch: Er hat einen riesigen Schwanz – Penis zwischen den Beinen (Bild 32).

In Bild 33 haben wir eine jüngere Schwester »Gorilla«, gezeichnet von Riccardo. Hier aber darf man sich nicht täuschen lassen: Das Schwesterchen ist ein lächelnder, lustiger Gorilla, der zwei Bananen in seinen Händen hält. Riccardo ist neun Jahre alt, die Schwester ist sieben: Es ist klar, daß zwi-

Bild 33 *Riccardo, 9 Jahre alt: 1 Ich, Tiger 2 meine Schwester, Gorilla 3 Mama, Löwin 4 Papa, Hai*

schen den beiden ein Kampf stattfindet um die gefühlsmäßige Herrschaft über die Eltern.

Dieses Bild bietet uns die Möglichkeit für eine ganz allgemeine Bemerkung: Bei Kindern ist der Wunsch zu spielen primär, er ist es bis hin zur Absurdität, bis zum Umkippen der Situationen, bis sie sich ins Gegenteil verkehren, indem sie etwas Schwaches in etwas Starkes und Aggressives verwandeln. Ab und zu lieben sie das Übermaß, lassen sich von unkontrollierter Tagträumerei fortreißen. Dafür ist in dem angesprochenen Bild die jüngere Schwester »Gorilla« (lächelnd mit zwei Bananen in den Händen) ein Beispiel.

Hahn

Der Hahn ist ganz allgemein ein Sonnen-Symbol. In China verkörpert er die fünf Tugenden: die bürgerliche Tugend wegen seines Kammes, der ihm ein vornehmes Aussehen verleiht, die militärische wegen seiner Sporen, den Mut wegen seines Verhaltens im Kampf, die Güte, weil er seine Nahrung mit den Hennen teilt, das Vertrauen, für die Zuverlässigkeit, mit der er den Sonnenaufgang ankündigt.

Die Griechen opferten ihn dem Asklepius, dem Sohn des Apoll und Gott der Medizin. In den nordeuropäischen Überlieferungen galt er als das Symbol der kriegerischen Wach-

Bild 34 *Elisa, 7 Jahre alt: Papa Mama Maria ich Francesca*

Bild 35 *Francesca, 8 Jahre alt: Papa Mama Bruder ich*

samkeit. In der christlichen Religion ist er, zusammen mit Adler und Lamm, ein Symbol für Christus.

In unserer Kultur ist recht wenig von diesem Reichtum an symbolischen Bedeutungen übriggeblieben. Solche, die mit der Virilität und Autorität verbunden sind, bestehen fort: »Es können nicht zwei Hähne zusammen in einem Hühnerstall sein«, »Es gibt zu viele Hähne, die krähen«, »Spiele nicht den Hahn«.

Die Zeiten ändern sich. Es gibt recht wenige Väter »Hahn« in den Kinderzeichnungen. Merkwürdigerweise wird er weitaus häufiger für ältere Geschwister hergenommen. Die Kinder von heute, die den Hahn fast ausschließlich aus der Metzgerei kennen, und zwar gerupft, bezeichnen ihn zu 51% als »nützlich«, zu 25,4% als »eingebildet«, zu 23,5% als

»stolz«. Der Papa »Hahn« von Elisa (Bild 34) hat sicherlich mit den vier Frauen in der Familie ganz schön zu tun: die Mutter und drei Töchter. Elisa ist sieben, bewundert ihren Vater, möchte bei ihm sein und ihre Schwestern verdrängen. Sie selbst zeichnet sich als Küken, um die Verwandtschaft größer erscheinen zu lassen, um sich als »die einzig wahre« Tochter des Papa »Hahn« zu fühlen.

Auch Francesca, acht Jahre alt, zeichnet an erster Stelle den Vater »Hahn« neben einer Mutter »Schmetterling«. Aber in dieser Familie gibt es einen kleinen Bruder »Katze«, der ihr die väterliche Zuwendung zu gefährden droht (Bild 35). Indem sie sich als Gans mit Schnabel, Schwanz und Füßen zeichnet, versucht Francesca dem Vater so nah wie möglich zu sein. Im Test hat sich keines der Kinder als Hahn gezeichnet. Sie haben ihn jedoch für die unangenehmen, unbequemen, besserwisserischen und angeberischen Geschwister verwendet.

Hai

Wegen seiner Wildheit wird er auch der »Tiger des Meeres« genannt. Der Geruch des Blutes macht ihn wild vor Gier und höchst gefährlich. Das Kino, man denke nur an den weltweit bekannten Film »Der weiße Hai« und die Folgeproduktionen und nicht wenige wissenschaftliche Dokumentarfilme, haben anhand außergewöhnlicher Unterwasseraufnahmen seine charakteristischen Eigenschaften, Maße, Angriffsmethoden, seinen Instinkt, seine Gewohnheiten dargestellt, und das mit einer solchen Fülle von Einzelheiten, daß wir uns einbilden, wir hätten ein fast schon unmittelbares Wissen über ihn. In der Umgangssprache ist »Hai« das Synonym für eine grausame, erbarmungslose Person, für den, der ohne jegliche Moral oder Skrupel die anderen ausschließlich zu seinem Vorteil ausnützt und unterdrückt.

Es sind besonders die männlichen Personen, die als aggressive Fische dargestellt werden: Haie, Sägefische, Hammerhaie usw. Ihre Aggressivität ist nicht notwendigerweise an einen gewalttätigen, herrschsüchtigen, verfolgenden Charakter gebunden. Zuweilen ist die Aggressivität des Tieres symbolisch verknüpft mit virilen und sexuellen Eigenschaften.

Es ist interessant festzustellen, daß viel mehr Jungen als Mädchen diese Tiergattung für die Väter verwenden. Die väterliche Aggressivität kann von einem männlichen Kind mit Kastrationsängsten erlebt werden oder als Projektion einer eigenen Feindseligkeit dem Vater gegenüber. Die Beziehung Vater – männliches Kind ist tatsächlich viel konfliktreicher als die der Tochter zum Vater, die diesem mehr Bestätigung gibt und ihm gegenüber ein weniger aggressives Verhalten zeigt.

Ein typischer Zusammenstoß von Vater und Sohn ist im Bild 36 des zehnjährigen Marco zu erkennen. In den Vordergrund rücken hier eine riesengroße Skorpion-Spinne (Marco) und ein Fisch mit spitzen Zähnen und bösem Ausdruck (der

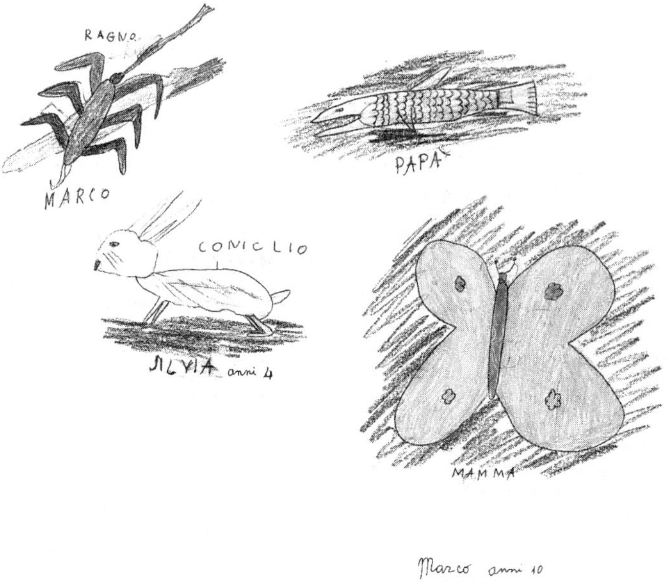

Bild 36 *Marco, 10 Jahre alt: Marco, Spinne Papa Silvia, 4 Jahre, Kaninchen Mama*

Vater), die einander gegenüberstehen. Marco, von der Mutter (Schmetterling) verzogen, gerät häufig mit dem Vater aneinander, der eine starke und autoritäre Persönlichkeit ist. Das Bedürfnis nach Bestätigung bei dem Sohn und der Wunsch, den Vater aus der Liebesbeziehung mit der Mutter auszuschließen, sowie die Angst vor einer möglichen Vergeltung verschärfen diesen Konflikt.

In Bild 37 von Pierluigi finden wir eine gestörte Familiendynamik eindrucksvoll dargestellt. Er stürzt sich wie ein Hai auf einen Vater »Wolf«, der wiederum von oben von einer Ehefrau »Rochen« (ein Fisch, der beim Kontakt Stromschläge austeilt) bedroht wird. Umgeben von soviel Aggressivität wirkt das fünfjährige Schwesterchen (Schmetterling) wie ein Blatt auf einem kaum angedeuteten Ast.

Manchmal ist der Zeichner selbst der Hai. Sein Unbehagen, seine Aggressivität sind offensichtlich und explosiv (Bild 38). Luca ist ein sehr gestörtes, gewalttätiges und provozierendes Kind, sowohl in der Klasse gegenüber der Lehrerin als auch gegenüber den Mitschülern. In der Familie sind Schreien und Schläge die einzigen Erziehungsmethoden des Vaters. Die Mutter, eine Hausfrau, erträgt ihren Sohn passiv, der seine Aggressivität abreagiert, indem er seine fünfjährige Schwester quält, und sie erduldet die abendlichen Szenen des Ehemannes. Luca malt die Mutter in der oberen Bildhälfte als Schildkröte, die in einem Wasser-

Bild 37 *Pierluigi, 9 Jahre alt: Mama Rochen Marialena, 5 Jahre, Schmetterling Papa Wolf Pierluigi Schwertfisch*

Bild 38 *Luca: ʻMama Papa Loriana ich*

spiegel eingeschlossen ist. Unten, mit energischem Strich, zeichnet er einen Vater »Schlange«, der aus dem Blatt herauskriecht; sich selbst dagegen stellt er als furchterregenden schwarzen Hai dar, der versucht, den Schwanz der armen Schwester »Katze« mit den Zähnen zu packen.

Henne

Wenn man das Bild der Henne angemessen deuten will, sollte man sich vielleicht vergegenwärtigen, daß Erwachsene andere Stereotype haben als die Kinder heutzutage. Erwachsene gebrauchen die Redensart »so viel Hirn wie eine Henne haben« in negativem Sinn, für Kinder aber ist dieser Vogel nicht immer ein Synonym für Dummheit. Ihnen fallen dabei eher die zahlreichen Märchen ein mit Hennen, die goldene Eier legen und denjenigen reich machen, der sie besitzt.

Die Henne mit den Küken oder die Henne, die Eier ausbrütet, ruft bei den Kleinen die Vorstellung von Mütterlichkeit,

Bild 39 *Michela, 7 Jahre alt: 1 Papa Katze 2 Mama Henne 3 Küken Tochter 4 Oma Schwalbe*

Bild 40 *Paolo, 6 Jahre alt: 1 Adler, Vater 2 Henne, Mama 3 ich, Stier 4 Schwester, Marienkäfer*

von Fürsorge, von Hilfsbereitschaft und Aufmerksamkeit hervor. Im Test wird die Henne hauptsächlich für die Mutterfigur verwendet.

Wer eine Mutter »Henne« zeichnet, fühlt sich ganz sicherlich als Küken, oder er möchte es sein: also noch klein, möchte umsorgt und gehätschelt werden. So ist es zum Beispiel bei Michela (Bild 39), einem siebenjährigen »Küken«. Es duckt sich unter eine große Mutter »Henne« (die eigentlich, um die Wahrheit zu sagen, eher einem Hahn ähnelt!).

Michelas Mutter, eine energische, überfürsorgliche Frau, neigt dazu, der Tochter wenig Selbständigkeit zu lassen. Es wäre bestimmt gut, wenn sie sie freier aufwachsen lassen und ihre eigenen Lebenserfahrungen machen lassen würde.

Es ist bekannt, daß Hennen ängstlich und harmlos sind, also eine leichte Beute für aggressive Tiere. In den Augen des sechsjährigen Paolo wird die Mutter »Henne« von einem Vater »Adler« angegriffen. Die schwache Henne wird aber nicht wirklich von der Aggressivität des Raubvogels bedroht: Der Kampf zwischen den beiden ist eher der Spiegel von Paolos Erleben, der eifersüchtig ist auf die enge Beziehung zwischen den Eltern. Sehr oft erleben tatsächlich die Kinder die sexuelle Beziehung der Erwachsenen, die sie erahnen, als aggressiven Akt des Mannes gegenüber der Frau. Paolo läßt seine Wut an seinem Schwesterchen, dem Marienkäfer, aus, das von ihm als Stier bedroht wird (Bild 40).

Als Hennen werden oft ältere Schwestern gezeichnet, die in der Familie die Aufgabe übernehmen, für die Kleinsten zu sorgen, wenn die Mutter aus verschiedenen Gründen zu wenig zu Hause ist.

Hirsch (und Antilope, Gazelle, Steinbock)

Der Hirsch ist ein elegantes, wachsames, leichtfüßiges, sehr schnelles Tier. Trotz seines eher hochmütigen Aussehens ist er scheu und vorsichtig. Reizbar und kampflustig wird er nur während der Brunftzeiten, wo er erbittert um die Eroberung der Partnerin kämpft.

Mit seinem abweisenden und zurückgezogenen Verhalten erinnert uns der Hirsch an einen melancholischen Charakter. »Einsam« und »frei« sind die Eigenschaften, die

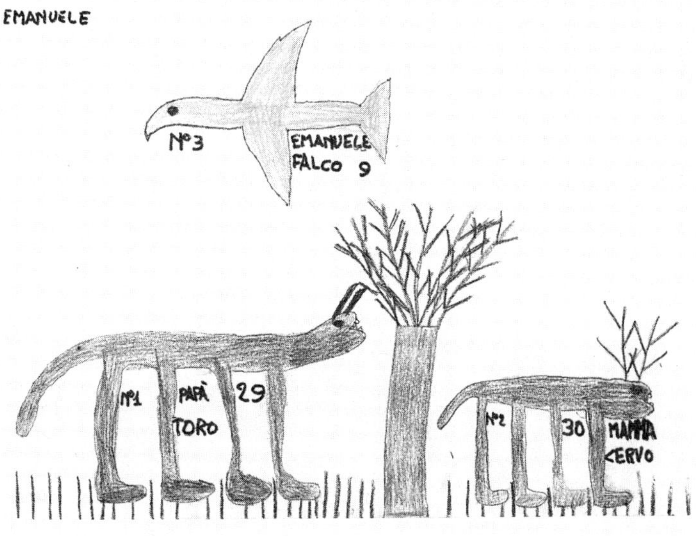

Bild 41 *Emanuele, 9 Jahre alt: 1 Papa Stier, 29 2 Mama Hirsch, 30 3 Emanuele Falke, 9*

von den Kindern bevorzugt genannt wurden, um den Hirsch zu kennzeichnen. Aber im Test überwiegt das Interesse für sein großes und verzweigtes Geweih, das symbolisch als Angriffs- oder Verteidigungswaffe gegen Feinde oder die Welt verstanden wird. Die Bedeutung »gehörnt«, mit der im Volksmund eine betrogene Person bezeichnet wird, ist bei den Kindern unserer Tage nicht besonders geläufig.

Das Bild 41 von Emanuele (neun Jahre) ist sehr aufschlußreich. Es ist ein Bild, das erfüllt ist von Unbehagen und Aggressivität (spitze Zähne, zackige Flügel, spitze Schnäbel, Hörner, Gras wie Eisenstifte). Emanuele drückt den tiefen Zwist aus, der seine Familie auseinanderreißt: der Vater

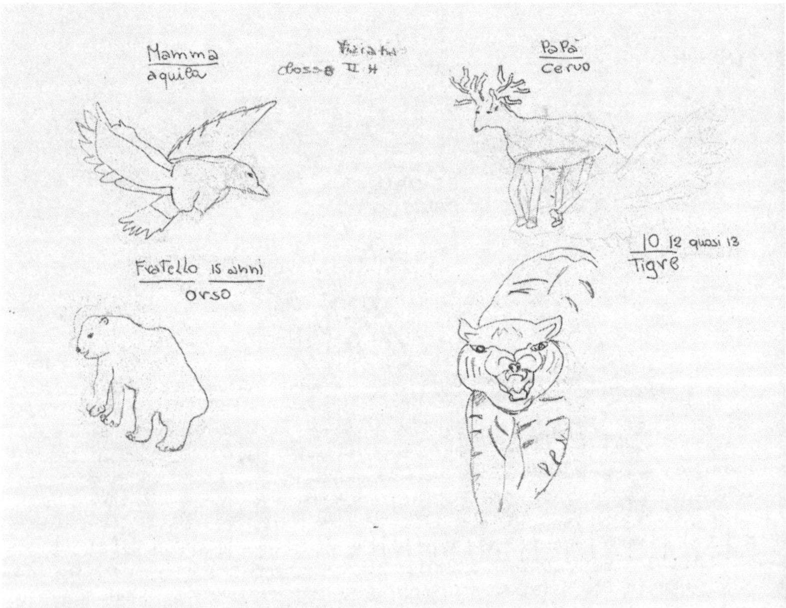

Bild 42 *Tiziana, 12 Jahre alt: Mama Adler Papa Hirsch Bruder, 15 Jahre, Bär ich, fast 13, Tiger*

Bild 43 *Marco, 8 Jahre alt: mein Bruder, 16½ Jahre, Hirsch ich Maus mein Bruder, 21 Jahre, Wolf Papa, 50 Jahre, Mama, 51½ Jahre, Pinguin*

»Stier« ist ein fast immer arbeitsloser Handlanger, der oft beim Pferderennen das wenige Geld ausgibt, das seine Frau als Putzfrau in einer Baufirma verdient. Die Auseinandersetzungen eskalieren ständig. Emanuele, der ab sechs Uhr morgens allein zu Hause bleibt, muß die schlechte Laune seiner Mutter wegen der gewaltigen Auseinandersetzungen zwischen den Eltern ertragen. In seinem Bild trennt ein Baum die Eltern. Diese symbolische Trennung weist auf die wirkliche Trennung im Leben hin, was auch durch den Umstand hervorgehoben wird, daß die Mutter »Hirsch« mit dem Rücken zum Baum abgebildet ist. Das Geweih der Mutter »Hirsch« sieht aus wie eine Fortsetzung der ausgedörrten Äste des Baumes; die Grashalme unter den Hufen, die wie spitze Nägel aussehen, stellen die Gefährlichkeit des Weges dar, den sie zurücklegen muß.

In einer solchen unerträglichen Familiensituation sucht Emanuele einen Ausweg, indem er sich wie ein Falke hoch in die Luft schwingt und seine Aggressivität beweist, vor allem gegen seinen Vater, über dem er fliegt.

In Bild 42, von Tiziana, erkennen wir ebenfalls einen Paarkonflikt. Die Eltern, Vater »Hirsch« und Mutter »Adler«, kämpfen frontal miteinander. Tiziana, zwölf Jahre alt, ist in der unteren Bildhälfte zu sehen, sie ist ein großer Tiger mit weit geöffnetem Rachen.

Die hohe Konfliktanfälligkeit in einer Familie zwingt die Kinder nicht selten dazu, sehr viel Aggressivität zu verarbeiten. Sie können aber auch anders darauf reagieren, indem sie sich eingeschüchtert in sich selbst verschließen, wie Tizianas Bruder »Bär«.

Dagegen ist das, was der achtjährige Marco dargestellt hat, ein gewöhnlicher Streit unter Brüdern: Der ältere Bruder, ein Hirsch mit eingerollten Hörnern, verfolgt ihn. Er aber, eine kluge und gerissene Maus, kann sich retten (Bild 43).

Die vorliegende Interpretation für die Hirsch-»Personen« gilt gleichermaßen für die Antilopen, Steinböcke und Gazellen, die Eigenschaften haben, welche denen der Hirsche sehr ähnlich sind, und die die Kinder wegen dieser Ähnlichkeit oft mit den Hirschen verwechseln.

Hund

Der Hund ist der Freund des Menschen. Er ist so treu, daß er sogar sein Leben opfert, freudig und in Dankbarkeit seinem Herrn gegenüber. Die Welt der Hunde ist fast so vielfältig wie die der Menschen. Die Kinder verstehen es ausgezeichnet, ihn in Bildern auf typische Art darzustellen, weil der Hund eines der wenigen Tiere ist, mit dem sie direkte Erfahrung haben und nicht lediglich eine durch Fernsehen oder Comics vermittelte Kenntnis. 64,1% der Kinder sagen, er ist »treu«, 32,3% nennen ihn »zärtlich«. In diesem Test kommt er sehr oft vor. Eine Person »Hund« ist, in den Augen der Kinder, jemand, der zur Verfügung steht, der positiv ist, zuverlässig, jemand, auf den man zählen kann, manchmal ist es auch eine abhängige Person.

Der Hund ist das älteste Haustier, das auf verschiedene Aufgaben spezialisiert ist: die Jagd, den Schutz, Gesellschaft leisten, Wache halten, das Laufen. Das einzig Gleichbleibende in allen Funktionen ist die Treue. Zahlreich sind die Redewendungen, in denen er vorkommt: »ein Hundeleben«, »ein Hundewetter«, »jemand wie einen Hund behandeln«, »schlafende Hunde soll man nicht wecken« und so weiter.

Um die Gefühle des Kindes richtig zu interpretieren, muß man vor allem darauf achten, welcher Rasse der Hund angehört, und wie er dargestellt wird. In den Bildern gibt es edle Windhunde, schüchterne Dackel, fröhliche Spitze, traurige Straßenköter, anmutige Pudel, grimmige Bluthunde.

Nach dem Löwen ist er das Tier, das am häufigsten gewählt wurde, um den Vater darzustellen. Cinzia zum Beispiel (Bild 9) malt ihn als hübschen Pudel. Das Mädchen, ein Einzelkind, wird von seinem Vater sehr geliebt und verwöhnt, der sich eben wegen der übermäßigen Nachgiebigkeit in offenem Konflikt mit der Ehefrau befindet. Sie wird

Bild 44 *Federica, 8 Jahre alt: Papa, 45 Mama, 45 Bruder, 6 Schwester, 19*

von der Tochter als Biene mit auffälligem Stachel gemalt, ist eine aktive Frau, eine strenge Mutter, die, wie gesagt, ihren Ehemann, was die Erziehung Cinzias betrifft, kritisiert, und zwar so sehr, daß letztere, weil sie sich mit ihrem Vater identifiziert, sich als Welpen malt.

Um eine konflikthafte Dynamik innerhalb der Familie darzustellen, wird der Hund häufig der Katze gegenübergestellt, seinem sprichwörtlichen Feind. Das ist ganz offensichtlich in Bild 44 von Federica der Fall, wo ein knurrender Wolfshund einer hübschen Ehefrau »Katze« mit einem in Verteidigungshaltung aufrecht gestellten Schwanz gegenübersteht. Wie immer, wenn es um Auseinandersetzungen zwischen Paaren geht, so auch hier: Die Kinder, die den

Streit ertragen müssen, möchten sich dem entziehen, so wie Federica, die, als kleine Schwalbe, weit weg zu fliegen versucht.

Der Hund ist aber auch wild, erregbar, bissig. Das Kind projiziert seine Angst und Wut auf ihn (manchmal bis zu einer richtigen Phobie).

In Bild 45 von Andrea, neun Jahre alt, überragt ein furchterregender Vater »Bär« mit rotem, geöffnetem Maul alles andere. Zu seinen Füßen sieht man zwei Hunde, Andrea und Elena (die Schwester). Der »Hund« Andrea ist schwarz: Seine Schnauze scheint blutverschmiert zu sein und bringt deutlich Wut und Unruhe dem Vater gegenüber zum Aus-

Bild 45 *Andrea, 9 Jahre alt: Laura Papa Mama ich Elena*

druck. Die kleine Mutter »Schmetterling« (auf der rechten Seite) ist nicht in der Lage, sich gegen soviel Gewalt zu wehren.

Der Dackel ist der Hund, den die Kinder am häufigsten wählen, um sich selbst darzustellen. Die kleine Statur, das zahme Aussehen, die Angepaßtheit, bezeugen die Liebesbedürftigkeit, die Ergebenheit gegenüber den Erwachsenen, den Eindruck eines herabgesetzten Selbstwertgefühls (Bild 46 von Gianluca).

Viele Kindergeschichten und Erzählungen haben einen Hund als Protagonisten, mit dem sich die Kinder identifizieren, wie im folgenden Fall. Orazio wird von den Eltern mißhandelt und ständig beschimpft wegen seiner unzureichen-

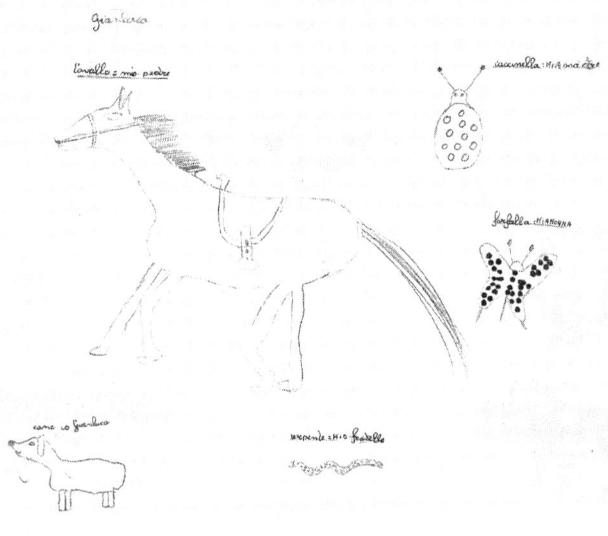

Bild 46 *Gianluca: Pferd: mein Vater Marienkäfer: meine Mutter Schmetterling: meine Großmutter Hund: ich Schlange: mein Bruder*

den Leistungen in der Schule. Er hat diese Geschichte geschrieben:

Der unglückliche Herr

Es war einmal ein Herr, der alle Tage auf die Jagd ging und etwas schoß, aber sein Hund fand nie die Beute. Am nächsten Tag ging der Jäger auf die Jagd, erschoß einen Vogel, der Hund lief los, fand ihn aber nicht. Der Hund hatte tatsächlich keinen Spürsinn. Der Herr nahm den Hund noch einmal mit, aber der Hund fand weiterhin nichts. Bis der Jäger es auf einmal müde war und den Hund tötete.

Der Hund in der Geschichte ist Orazio: Er fühlt sich schuldig, weil er keinen Spürsinn hat, und deshalb glaubt er, daß er den Tod verdient hat (den Liebesentzug). Was in der Geschichte am meisten beeindruckt, ist die Verinnerlichung der Schuld. Das Kind, das sich nicht geliebt fühlt, denkt, das sei vollständig seine Schuld: Hätte es die ausreichende Begabung, würden seine Eltern es vielleicht lieben. Daß Vater oder Mutter es aus Gründen, die in ihnen selbst liegen, nicht lieben, könnte das Kind nicht ertragen; es gibt daher für das Kind nur eine Erklärung für den Mangel an Liebe von seiten der Eltern: Es muß den Grund in seinem eigenen Verhalten suchen.

Noch mehr aber sagt der Titel der Geschichte selbst über die Gefühle des Kindes aus: Es ist nicht so sehr der Hund, der unglücklich ist, sondern der Herr, weil er solch einen Hund hat.

Um das Gefühl des Verlassenseins bei einem Kind festzustellen, das ich in Therapie habe, rege ich die Kinder manchmal dazu an, das folgende Motiv weiterzuentwickeln: »Es war einmal ein Hund, der aus dem Haus weggeschickt wurde...« Aus der Art, wie die Kinder die Geschichte weiterspinnen, kann man oft intuitiv erfassen, ob und wie sie sich von seiten der Familie geliebt und angenommen fühlen.

Warum wurde der Hund weggeschickt? Flieht er? Kommt er zurück? Sucht er neue Herren? Stirbt er? Wird ihm verziehen? In der Fortsetzung, die sich das Kind ausdenkt, liegt der Schlüssel zu seinem Verhältnis zu der Familie.

Ein extremes Verlassenheitsgefühl stellen wir in Bild 47 von Daniele fest, dem dritten Sohn aus einer kinderreichen Familie, dessen Eltern ständig außer Haus sind, immer in Sorge, sich einigermaßen über Wasser zu halten. Nun, im Test, malt Daniele sich selbst allein als Straßenköter mit zwei Beinen.

Manchmal malen die Kinder, trotz der Anweisungen, die sie bekommen haben, eine ganze Familie mit lauter gleichen Tieren, wie Paola (Bild 48). In diesen Fällen wird die Familie

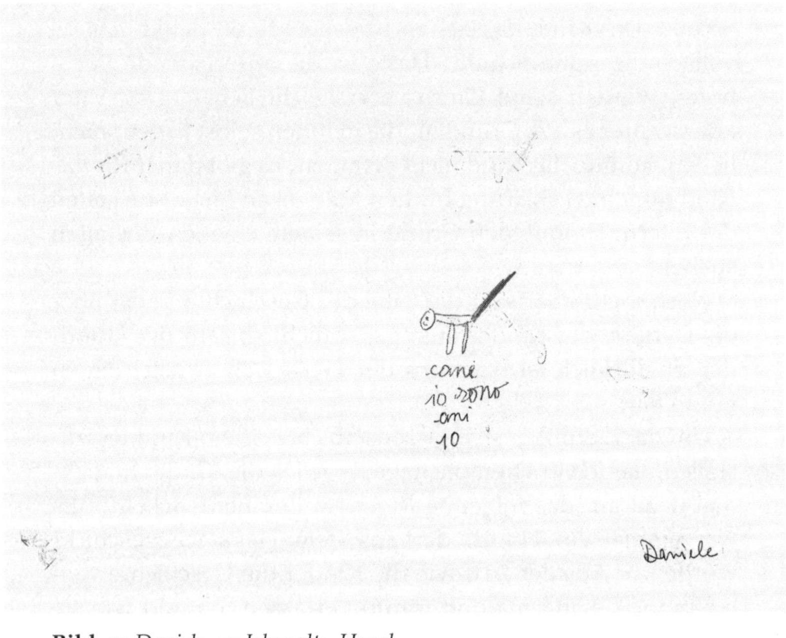

Bild 47 *Daniele, 10 Jahre alt: Hund*

Bild 48 *Paola, 9 Jahre alt: Papa Hund, 38 Mama Hündin, 32 ich Hündchen, 9*

als Einheit erlebt oder gewünscht; es fehlt aber die Differenzierung nach Persönlichkeiten. Dieser Mangel verrät bei dem Maler einerseits eine ungenügende Bewußtseinstätigkeit, andererseits eine extreme emotionale Abhängigkeit von den Eltern.

Wir beschließen dieses Porträt, indem wir an eine berühmte Betrachtung erinnern, die Sigmund Freud über seinen Chow Chow Jofi anstellte:

»... die Gründe, weshalb man ein Tier wie Topsy (oder Jofi) [einer von Freuds Chows, d. Red.] mit so merkwürdiger Tiefe lieben kann, die Zuneigung ohne Ambivalenz, die Vereinfachung des Lebens von dem schwer erträglichen Konflikt mit der Kultur befreit, die Schönheit einer in sich vollendeten Existenz. Und bei aller Fremdartigkeit der organischen Entwicklung doch das Gefühl einer innigen Verwandtschaft, einer unbestrittenen Zusammengehörigkeit. Oft, wenn ich Jofi gestreichelt, habe ich mich dabei ertappt, eine Melodie zu summen, die ich ganz unmusikalischer Mensch als die Arie aus dem ›Don Juan‹ erkennen mußte:

Ein Band der Freundschaft
Bindet uns beide ...«*

* Aus dem Brief an Marie Bonaparte vom 6. Dezember 1936. In: *Sigmund Freud, Briefe 1873–1939*. Zweite, erweiterte Auflage, ausgew. u. hrsg. von Ernst und Lucie Freud, Frankfurt 1968, S. 449f.

Igel (und Stachelschwein)

Wie wird sich wohl ein Kind »Igel« oder »Stachelschwein« fühlen? Sicherlich so schwach und leidend, daß es sich einen Schutz schafft, der es unberührbar macht. Wenn das malende Kind sich als stacheliges (Igel, Stachelschwein), aggressives (Panther, Tiger), geschütztes (Schnecke) Tier vorstellt, sollten wir uns immer fragen, welche stressigen Situationen es dazu gebracht haben könnten, daß es sich ein solches Verteidigungsverhalten zulegt. Welche weiche Seite seiner selbst möchte es vor der Welt schützen?

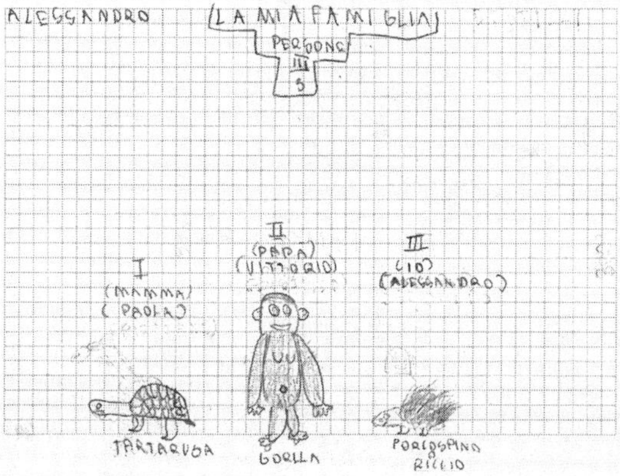

Bild 49 *Alessandro, 8 Jahre alt: 1 Mama (Paola) Schildkröte 2 Papa (Vittorio) Gorilla 3 ich (Alessandro) Stachelschwein Igel*

Alessandro, zum Beispiel (Bild 49), malt sich als Igel. Er ist acht Jahre alt und ein schüchternes, gehemmtes Kind. Wegen einer schweren Form von Mittelmeer-Anämie (Thalassämie) hat er zahlreiche Krankenhausaufenthalte hinter sich. Die Mama (Schildkröte) ist eine depressive Frau, die in dieser Zeit nicht immer hat bei ihm bleiben können. Sie muß arbeiten, und die Wohnung ist weit vom Krankenhaus entfernt. Der Papa (Gorilla), der früher in Deutschland gearbeitet hat, ist erst seit einem Jahr zu der Familie zurückgekehrt und hat bis jetzt noch keine gute, liebevolle Beziehung zu ihm aufgebaut. Mehr noch, die Anwesenheit des Vaters wird vom Kind als störendes und beinahe gefährliches Eindringen erlebt. Das hat Alessandro dazu gebracht, sich in seiner Wahrnehmung einer feindlichen Welt zu verschließen. Es ist ohnehin schwer, ein Kind »Igel« zu lieben. Man braucht viel Geduld und nicht gerade wenig Zärtlichkeit, um ihm zu helfen, seine Nase in die Luft zu strecken und Vertrauen zu sich selbst und in die Welt zu gewinnen. Wenn die Eltern schon Schwierigkeiten in der emotionalen Beziehung zu dieser Art Kind haben, um wieviel schwieriger und geradezu unmöglich wird es dann erst für ein Kind sein, Eltern zu lieben, die es als Igel oder Stachelschwein wahrnimmt?

Känguruh

Der Beutel, die Tasche, in der das Känguruh seine Jungen trägt, ist sicherlich der Teilaspekt, der die Phantasie der Kinder am meisten erregt. Die Idee, in so engem Kontakt mit der Mutter zu sein, in ihrem Bauch zu leben, der mit Brüsten versehen ist, fasziniert vor allem jene Kinder, die aus Mangel an mütterlicher Fürsorge oder aus einem Abhängigkeitswunsch heraus jünger sein möchten, als sie sind. Aber das Känguruh hat noch weitere Besonderhei-

Bild 50 *Giovanna, 7 Jahre alt: Francesco, 10 Papa ich Mama Sara, 2*

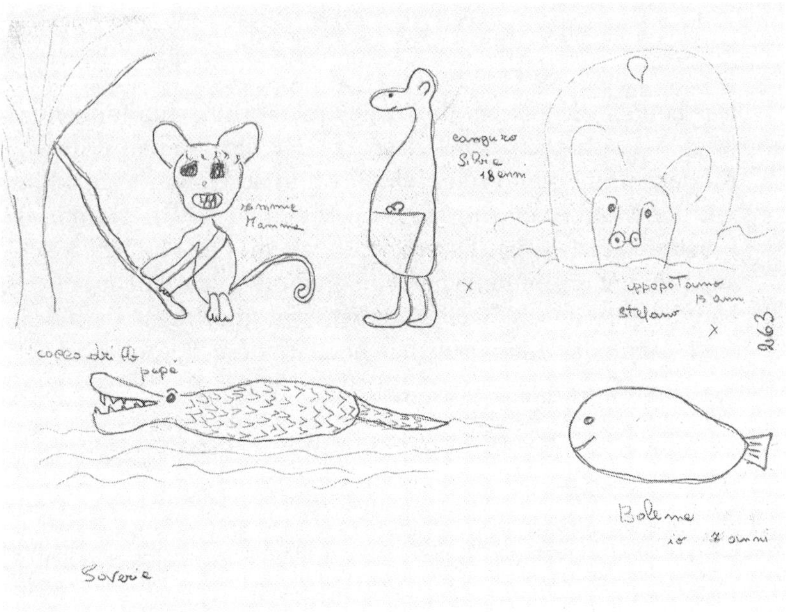

Bild 51 *Saveria: Affe, Mama   Känguruh, Silvia, 18   Nilpferd, Stefano, 19   Krokodil, Papa   Wal, ich*

ten: Es läuft sehr schnell, macht riesige Sprünge mit Hilfe seines Schwanzes, hat ein sanftmütiges Wesen. Es bleibt jedoch vor allem das Symbol für die schützende Mutterliebe.

Bellak hat, in einer der Tafeln des Tests C. A. T., das Bild eines Mutter-Känguruhs verwendet: Aus ihrem Bauch lugt ein Junges heraus, und an ihrer Seite ist noch ein etwas älteres, das ihr mit dem Fahrrad folgt. Wenn das Kind, das die Tafel betrachtet, das Junge im Bauch für glücklicher hält als das, das sich selbständig bewegt, dann herrschen offensichtlich die regressiven Wünsche über den Drang nach Ablösung von den Eltern. In seinen Wachstumsphasen kann das Kind immer wieder einen vorübergehenden Stillstand erfahren. Der häufigste Fall ist die Geburt eines Geschwisters, dann der Verlust eines Elternteils oder einer emotional wichtigen Person.

Das Bild 50 von Giovanna gibt ein eindringliches Beispiel für das, was ich oben beschrieben habe. Das Mädchen, das jetzt sieben Jahre alt ist, wurde in der Familie immer sehr geliebt und verhätschelt. Unter anderem schlief sie bis zu ihrem fünften Lebensjahr im Schlafzimmer der Eltern. Nach der Geburt von Sara, der kleinen Schwester,

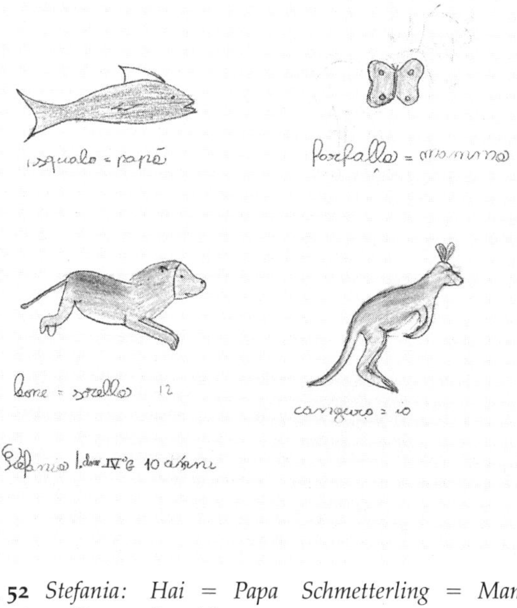

Bild 52 *Stefania: Hai = Papa Schmetterling = Mama Löwe = Schwester Känguruh = ich*

wurde sie zum Schlafen in dem kleinen Zimmer untergebracht, das sie früher nie hatte akzeptieren wollen. Sie fühlte sich verletzt, fühlte sich aus der privilegierten Beziehung, die sie vorher mit den Eltern hatte, ausgeschlossen. Sie war wütend und eifersüchtig, als sie mit ansehen mußte, wie dort, wo bis vor wenigen Tagen noch ihr eigenes Bettchen gewesen war, jetzt die Wiege von Sara stand.

Im Bild wird das Schwesterchen als kleine »Spinne« dargestellt, neben der Mutter »Känguruh«, eine deutliche Anspielung auf die letzte Mutterschaft und die Stillzeit. Der ältere Bruder im Bild oben ist eine stechende Biene, der Vater eine Schlange. Sich selbst malt sie als zusammengerollte Katze in einer Haltung des Sich-Verschließens vor einer Welt, die zu akzeptieren sie sich weigert.

In den Bildern der Kinder gibt es nicht so viele Mütter »Känguruh«. Es gibt Väter »Känguruh« und ältere Schwestern »Känguruh«, die nicht ausdrücken sollen, daß die so symbolisierten Personen die Kleinen umsorgen und ihnen emotional zur Verfügung stehen. Vielmehr zeugen sie von dem Wunsch der Kleinen, von ihnen Zuwendung und mütterliche Fürsorge zu bekommen.

So ist es bei Saveria (Bild 51), die angesichts einer Mutter »Affe« und eines Vaters »Krokodil«, die beide mit starken und scharfen Zähnen ausgestattet sind (Symbol für Aggressivität), die ältere Schwester als emotionale Stütze vorzieht. Diese ist im Bild ein Känguruh.

Manchmal aber können Schwestern auch als Verfolgerinnen erscheinen, siehe den Fall von Stefania (Bild 52). Es ist interessant zu sehen, wie in dem ansprechenden Bild die Figur des Känguruhs wegen seiner ganz anderen, nicht den mütterlichen Aspekt betonenden Eigenschaften verwendet wird: die Geschwindigkeit, die Fähigkeit, sich von seinen Verfolgern nicht einholen zu lassen. Stefania spürt die Aggressivität ihrer Schwester, stellt sie als Löwe dar, der sie jagt, und sich selbst als ein schnelles Känguruh, das sein Heil sucht in der Flucht aus dem Blatt heraus.

Kamel (und Dromedar)

Das Kamel ist ganz sicher ein Tier, das die Phantasie in Gang setzt. Bei den Kindern (und nicht nur bei ihnen) weckt es die Vorstellung von Wüsten, von unendlichen Weiten (Flächen) aus Sand, von brennender Sonne, Dörfern mit Minaretten, von Karawanen und Nomadenzelten. Was die Kinder aber vielleicht am meisten fasziniert, ist die extreme Widerstandsfähigkeit des Kamels, seine Fähigkeit, Hunger und Durst auszuhalten, seine beachtliche Größe, und daß es ungeheure Gewichte tragen kann. Man nennt es »Wüstenschiff«. Es hat

Bild 53 *Alessandro, 9 Jahre alt: Taube, Mama Pferd, Bruder, 15 Kamel, Vater Schlange, Bruder, 11 Wolf, Alessandro, 9*

Bild 54 *Alberto, 8 Jahre alt: Papa, Stier Mama, Giraffe ich, Löwe mein Bruder, Kamel Oma, Elefant*

zwei Höcker, wird aber oft mit dem Dromedar verwechselt, das nur einen hat. Beide gehören tatsächlich der gleichen Spezies an und haben die gleichen Eigenschaften und Gewohnheiten.

Die »Kamel«-Persönlichkeiten in den Bildern des Tests werden als Menschen wahrgenommen, die hart arbeiten müssen, wobei sie den Unbilden der Natur ungeschützt ausgesetzt sind, die genügsam sind und bescheiden, aber auch weit weg und unerreichbar. Im allgemeinen dient das Kamel dazu, Erwachsene oder Geschwister darzustellen. Der Vater von Alessandro (Bild 53) arbeitet ganztägig als Parkwächter auf einem großen Parkplatz im Zentrum der Stadt. Die Arbeit zwingt ihn dazu, bei Regen und bei Hitze draußen zu sein.

Gerade in Anbetracht dieser Pflicht hat Alessandro ihn symbolisch als Kamel dargestellt. Der neunjährige Junge ist der jüngste von drei Brüdern. Er muß vor allem die Aggressionen des elfjährigen Bruders aushalten (der deshalb als Schlange mit gespaltener Zunge dargestellt wird). Weil er sich vor dessen Attacken schützen möchte, malt er sich als Wolf. Trotzdem hat dieser kein wirklich wildes Aussehen. Es ist offensichtlich, daß Alessandro mehr Mut haben und sich gegen die älteren Brüder durchsetzen möchte, aber es ist wohl eher so, daß er es wünscht, ohne es realisieren zu können.

In Bild 54 ist der ältere Bruder des achtjährigen Alberto ein riesengroßes braunes Dromedar. Er ist in der Tat schon neunzehn Jahre alt, und weil er nicht weiter lernen wollte, arbeitet er als Hilfsarbeiter in einer Baufirma, in der auch sein Vater beschäftigt ist, und trägt auf diese Weise zum finanziellen Auskommen der ziemlich mittellosen Familie bei. Alberto stellt den Vater als Stier dar, aber nicht übermäßig aggressiv: Vielleicht will er damit hervorheben, wie der Vater darum kämpft, sich durchzuschlagen. Die Mutter dagegen malt Alberto als Giraffe, sich selbst dann als heiteren Löwen, der noch ein bißchen zu klein ist, um an die finanziellen Probleme der Familie zu denken. Die ganze Familie, die Oma »Elefant« eingeschlossen, scheint sich auf ein einziges erstrebenswertes Ziel auszurichten: auf Stabilität.

Kaninchen (und Hase)

Das schüchterne und ängstliche Kaninchen ist jahrhundertelang ein Gegenstand von Spott und Geringschätzung gewesen. In den letzten Jahrzehnten allerdings ist ihm dafür Genugtuung widerfahren.

In der bekannten Zeichentrickfilm-Fassung von »Alice im Wunderland« von Walt Disney hat das drollige, immer säumige Kaninchen mit Weste und Uhr Millionen von Kindern in der ganzen Welt begeistert. Heute wird einem Kaninchen sogar eine ganze Monatszeitschrift, »Bunny«, gewidmet. Es

Bild 55 *Caterina, 8 Jahre alt: Mama meine Schwester, 13 ich Papa*

gibt aber noch weitere Kaninchen, die Protagonisten zahlreicher Geschichten sind. Man könnte sagen, daß das Kaninchen in der Welt der Zeichentrickfilme und Comics sein ängstliches und feiges Erscheinungsbild fast völlig verloren hat und statt dessen als lustig, gesellig, sehr schnell und abenteuerlustig gilt.

Die Kinder lieben es seit jeher, weil es eines der wenigen Tiere ist, das sie direkt kennen, anfassen, füttern, streicheln können. Als Kleinkind haben sie vielleicht eines aus Stoff gehabt. Sie wissen, daß dieser »Quasi-Hase« ein ängstliches Tier ist, jedenfalls haben ihn 55,4% so charakterisiert. Man findet aber kaum in ihren Bildern mit »Kaninchen«-Personen den Ausdruck der Verachtung. Caterinas Vater »Kaninchen« ist ein Beispiel dafür: ein zärtlicher, umgänglicher,

Bild 56 *Chiara, 8 Jahre alt: Flavia, 2 Papa, 34 Rossella, 5 Mama, 28 ich, 8*

Bild 57 *Veronica, 10 Jahre alt: Bruder Luca, Schwester Barbara, Mama Gabriella, Papa Aldo, Schwester Valentina, Veronica*

nachgiebiger Vater. Sie malt sich neben ihm als großen Schmetterling, der im Begriff ist, ihn zu umschwirren (Bild 55).

Die Mutter »Kaninchen« von Chiara (Bild 56) hat eine lustige, zärtliche, lächelnde Miene. Chiara hat eine Schwester von fünf Jahren und eine von zwei Jahren, auf die sie neidisch ist: Sie malt sie dann auch als erste, riesengroß, neben den Vater. Aber auch Chiara (Küken) möchte klein sein und, genau wie im Bild, bei der Mutter bleiben.

Viele Mädchen haben für sich selbst das Kaninchen gewählt (es belegt den fünften Platz in der Rangliste). Die Kinder »Kaninchen« sind schüchtern, abhängig, unsicher, mit regressiven Wünschen. Und es ist der Mund des Kanin-

Bild 58 *Alessandro, 8 Jahre alt: Stefano Papa ich Mama*

chens, mit den vorstehenden großen Zähnen, der ein zeichnerischer Anreiz für das Kind ist, eine Verlockung, die mit unerfüllten oralen Wünschen korrespondiert.

So malt sich Veronica (Bild 57) als Kaninchen neben dem großen rosaroten Euter einer »Kuh«. Sie ist das erste von drei Kindern. Vielleicht hat sie zu schnell das Privileg einer exklusiven Beziehung mit der Mutter aufgeben müssen, die schnell aufeinander folgend die anderen zwei Kinder bekommen hat. Veronica ist jetzt zehn, träumt aber immer noch von der Zeit als kleines Kind.

Oft werden jüngere Brüder als niedliche Kaninchen gesehen (Bild 43): Ihnen gegenüber gibt es kein Eifersuchts- oder Rachegefühl auf seiten des Malers, eher eine liebevolle, zärtliche Nachgiebigkeit. Wenn aber dagegen ein älterer Bruder als Kaninchen gemalt wird, ist das ein Versuch, ihn abzuwerten oder zu verspotten.

Wenn ein Kind alle Mitglieder seiner Familie als Kaninchen sieht, wie das bei Alessandro der Fall ist (Bild 58), findet man sich mit einem starken Angstzustand und großem Unbehagen konfrontiert. Die Geschichte des achtjährigen Alessandro bringt es an den Tag. Wegen der prekären ökonomischen Situation der Eltern ist er für längere Zeit mit dem älteren Bruder in einem Internat gewesen. Seit einem Jahr ist er wieder zu Hause. Er leidet immer noch an Bettnässen, beim Lernen in der Schule ist er langsam, er ist nicht gern mit den Schulkameraden zusammen. In seinem Bild wird die ganze Kaninchen-Familie, die übrigens alle winzig klein sind, von einem riesigen Himmel bedroht und von Bergen. Außerdem hat das Bild schlampige und wirre Farben, die Figuren sind alle voneinander abgetrennt, mit der Besonderheit, daß jeder vor sich eine Portion Futter hat: So signalisiert Alessandro seine nie völlig befriedigten emotionalen Bedürfnisse.

Katze

»Der Löwe nieste ... und die Katze war da.« Gemäß der islamischen Überlieferung wurde so die Katze geboren, man hält sie, mit Ausnahme der schwarzen Katze, für wohltuend, heilsam. Folgt man jedoch einer japanischen Legende, dann ist die Katze von böser Vorbedeutung, da sie fähig ist, Frauen zu töten und ihre Gestalt anzunehmen. Sie wird fast überall mit Weiblichkeit assoziiert; in unserer Sprache gibt es zum Beispiel solche Redewendungen wie »das Kätzchen spielen«, »wie eine läufige Katze«.* Kein Tier in der Weltgeschichte wurde je so geliebt und gehaßt.

Die heutige Hauskatze ist die Zuchtform einer von den Ägyptern vor 4100 Jahren gezähmten Wildkatze. Als Kornkammerwächter tötete sie Mäuse und Schlangen und wurde an der Leine zur Vogeljagd mitgenommen. Wegen ihrer würdevollen und geheimnisvollen Schönheit liebten die Ägypter sie und beteten sie an. Unter den ägyptischen Gottheiten ist die Göttin Bastet diejenige mit einem Katzenkopf. Nach ihrem Tod wurde die Katze einbalsamiert (viele sind mumifiziert gefunden worden), der Besitzer trug Trauer und rasierte sich die Augenbrauen ab. Wer eine Katze tötete wurde mit dem Tode bestraft.

Die hebräisch-christliche Religion hat dagegen immer feindselig auf alles reagiert, was die Katze repräsentiert: die Sinnlichkeit, die Weiblichkeit, die Grausamkeit, die Finsternis. Im Mittelalter wurde sie als Verkörperung des Teufels verfolgt, gefoltert und lebendig verbrannt.

* Im Deutschen ist der Bestand an Redewendungen und Sprichwörtern unter dem Stichwort »Katze« sehr umfangreich. Man vergleiche zum Beispiel Fügungen wie »Katzenjammer«, »katzbuckeln«, »Katzentisch«, bzw. Redensarten wie »die Katze läßt das Mausen nicht« oder »ist die Katz' aus dem Haus, tanzen die Mäuse auf dem Tisch«. (d. Red.)

Über die Katze haben Dichter und Schriftsteller die unterschiedlichsten Urteile und Gefühle zum Ausdruck gebracht. In den Fabeln von La Fontaine ist sie eine Heuchlerin, sie nützt die anderen aus und ist ein Faulpelz. Der gestiefelte Kater von Perrault ist schlau und gerissen. Der französische Naturforscher Charles Buffon* zeigt Abscheu und Verachtung in seiner Beschreibung der Katze. In der absurden, phantastischen »Nonsens«-Geschichte »Alice im Wunderland« von Lewis Carroll ist die Cheshire-Katze** ein würdevolles Tier.

Alle Kinder haben schon mal eine weiche und verspielte Katze gestreichelt. Alle kennen sie als Zeichentrickfilm- und Comicfigur: Tom (in »Tom und Jerry«), Silvester, Garfield. Die Vertrautheit mit Katzen und die Vorliebe für sie ist bei den Kindern so groß, daß die Katze das absolut am häufigsten dargestellte Tier im Test ist: Ihr Anteil beträgt genau 50% von allen Tieren. Unter jenen dann, welche die Kinder gewählt haben, um die Mutter darzustellen, kommt die Katze nach dem Schmetterling. Aber auch für die Darstellung ihrer selbst nehmen die Kinder mit Vorliebe die Katze (dritter Platz in der Rangordnung). Und schließlich fragten wir wieder: Wie wird die Katze wahrgenommen? »Süß« fanden sie 55%, »verwöhnt« 22,3%, »selbständig« 12,5% und »gefährlich« (die kleinen Krallen hinterlassen auch im Spiel ihr Zeichen) 10% der Kinder.

Die Katzen werden also von den Kindern geliebt, wenn sie auch von diesen in sehr unterschiedlichem Licht gesehen und auf die verschiedensten Weisen abgebildet werden: rassig, herrenlos, sanftmütig und liebesbedürftig, aufrecht und steif auf ihren vier Beinen, und bei der Jagd auf Feinde, weil

* Er verfaßte im 18. Jahrhundert zusammen mit anderen eine 24 Bände umfassende »Naturgeschichte der Tiere« (d. Red.).

** In der deutschen Fassung wird das englische ›Cheshire cat‹ mit ›Grinsekatze‹ wiedergegeben (d. Red.).

Bild 59 *Sonja, 7 Jahre alt: ich Mama Papa mein Bruder*

Katzen eben uralte Feinde haben: Der Hund ist ihr Verfolger und die Maus und der Kanarienvogel sind die von ihr Verfolgten.

Sonja, sieben Jahre alt, hat eine energische und aktive Mutter (Bild 59). Der Vater (Hund) ist ein ruhiger, zärtlicher Mann. Er unterwirft sich den Wünschen und Entscheidungen seiner Frau. Er überläßt ihr die Führung im Haus und bei den Kindern, die sich von ihrer liebevollen Einmischung verfolgt fühlen. Sonja zeichnet ihre Mama als eine schöne, graue Katze, kerzengerade auf ihren Pfoten stehend, mit Halsbändchen und Anhänger um den Hals. Der Vater »Hund« kuscht hinter ihr mit einer sanften Miene. Sonja hat das Bedürfnis, sich gegen die mütterliche Einmischung zu wehren, sie schließt sich deshalb als Maus in einem Käfig ein. Auch der kleine Bruder »Schildkröte« ist durch einen schönen Panzer geschützt.

Eine eindrucksvolle Darstellung eines Geschwisterkonflikts gibt uns Vincenzo, elf Jahre alt. Die Zeichnung ist in einzelne Szenen aufgeteilt: In der ersten befinden wir uns bei einem Bruder im Alter von zehn Jahren, einer Katze mit aufgerissener Schnauze, die hinter einem Brüderchen »Maus« herjagt, das Rettung in einem kleinen Loch sucht. In der zweiten Szene zerquetscht Vincenzos Fuß mit Nachdruck den älteren Bruder »Wurm«. Die dritte und letzte Szene wird ganz von einem Wal mit offenem Maul be-

Bild 60 *Vincenzo, 11 Jahre alt: Bruder Katze – Bruder Maus*
ich – Wurm Salvatore
Mama Walfisch   Papa Falke

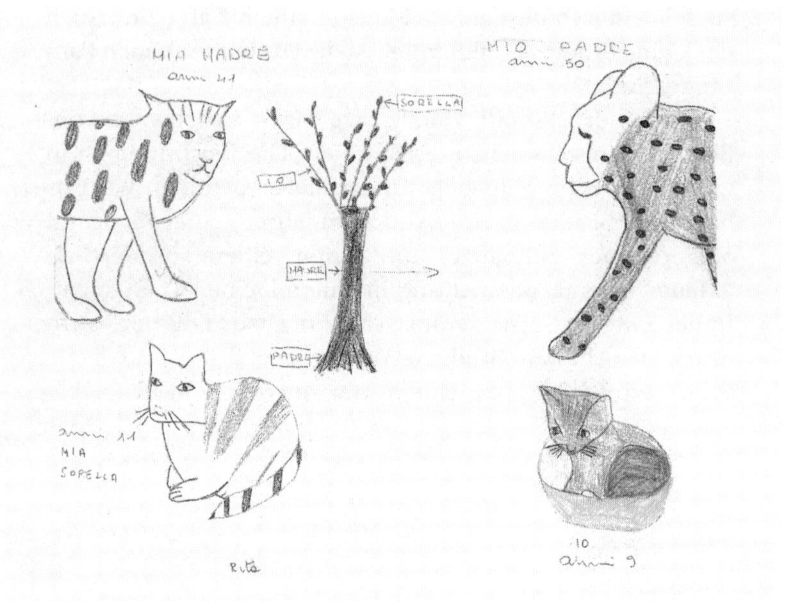

Bild 61 *Rita, 9 Jahre alt: meine Mutter, 41 mein Vater, 50 meine Schwester, 11 ich, 9*

herrscht, die Mutter der in ständigem Streit lebenden vier Söhne. Die Hälfte des Blattes jedoch ist von einem riesigen Vater »Falke« besetzt, der überhaupt nicht aggressiv wirkt (Bild 60).

Die Kinder, die sich selbst als Katze darstellen, sind meistens zuwendungs- und liebesbedürftig. Die Zeichnung der neunjährigen Rita ist ein Beispiel dafür (Bild 61). Beide Eltern sind im Beruf erfolgreich und wetteifern miteinander. Die Mutter (große Katze Leopard) ist Steuerberaterin. Der Vater (Leopard) ist leitender Bankangestellter. Sie arbeiten den ganzen Tag, planen ihr Leben und verbringen das Wochenende mit den beiden Töchtern, die während der Woche von farbigen Hausangestellten versorgt werden. Rita läßt, wie auf einer Bühne, die Eltern bedrohlich von den gegenüberliegenden Seiten ins Bild hereintreten. Zum Zeichen der Unterwürfigkeit ist sie im Bild unterhalb von ihnen mit ihrer älteren Schwester als Kätzchen gezeichnet. Die Töchter lieben und bewundern die Eltern, aber sie fürchten sich auch vor ihnen. Sie möchten ihnen ähnlich sein (sie zeichnen sich wie diese als Katzen). Bei Rita überwiegen, mehr als bei ihrer Schwester, trotzdem die emotionalen Bedürfnisse. Das Kätzchen, das sie darstellt, wird durch einen Korb geschützt.

Eine letzte Anmerkung: Die schwarzen Flecken auf dem Fell der Eltern sind Ausdruck von Aggressivität.

Kitz (Hirschkalb)

Das Junge des Hirschen, das Hirschkalb bzw. Kitz, hat für die Kinder eine absolut andere Wertigkeit als das erwachsene Tier. Es ist schon den kleinen Kindern ein Begriff, allein wegen der zahlreichen Zeichentrickfilme, in denen es vorkommt, man denke nur an »Bambi« von Walt Disney. Sein feuchtschimmernder und sanfter Blick, die eleganten Formen, machen aus dem Kitz ein Symbol für Zartheit, Herzensgüte und Liebesbedürftigkeit. Im Test wird es verwendet, um auf spezielle Art eine liebevolle Mutter darzustellen.

Bild 62 *Christiana, 9 Jahre alt: Papa, Tiger ich, Katze Mama, Kitz*

Manchmal ist sie das Opfer eines starken und bestimmenden Ehemannes. In den Bildern erscheint häufig eine Mutter »Kitz« neben einem Vater »Tiger«, »Wolf« oder »Bär«. Kein Kind hat sich selbst oder seine Geschwister als Kitz gemalt.

Christiana, neun Jahre alt, ist ein sehr liebevolles und zurückhaltendes Mädchen. Sie hat eine sehr starke Beziehung zur Mutter, und wenn der Vater aus beruflichen Gründen wegfährt, schläft sie in deren Bett. Die Mutter ist Hausfrau, ihrer Herkunftsfamilie sehr verpflichtet, der Autorität der Eltern und des Ehemanns, der als Lastwagenfahrer arbeitet, ist sie völlig ergeben. Christiana wünscht sich eine befriedigendere Beziehung mit dem Vater. Letzterer ist aber leider, wenn er von seinen Reisen zurückkommt, sehr müde und daher wenig umgänglich. Das Mädchen fürchtet sich vor ihm, fühlt sich nicht genügend von ihm geliebt und beachtet. Aber auch die Mutter, die sich auf jede nur erdenkliche Art für ihren Gatten aufopfert, leidet bisweilen unter seiner schlechten Laune. Im Bild 62 stellt Christiana den Vater als gelben Tiger dar, der sowohl auf sie selbst (ein kleines Kätzchen) als auch auf die Mutter, die als anmutiges Kitz mit geschlossenen Augen gemalt ist, loszuspringen scheint.

Koala (und Panda)

Bei unserem Test war der Panda nicht vorgesehen gewesen. Wir mußten aber feststellen, wie sehr diese sanfte und vom Aussterben bedrohte Tierart Teil der Welt des Kindes geworden ist. Der Panda wurde zum Wahrzeichen des W(orld) W(ildlife) F(und) auserkoren, und in dieser Funktion sehen wir ihn oft auf großen Sammelbüchsen, mit denen für den WWF gesammelt wird. Auch die Spielzeugindustrie hat sich seiner bemächtigt: Zahllose Pandabären aus Plüsch werden jedes Jahr hergestellt und verkauft.

Der Panda hat einen ähnlichen Körperbau wie der Bär, aber einen etwas traurigen Gesichtsausdruck, was zum Teil an den großen, schwarzumrandeten Augen liegt, die seitlich schräg aus dem weißen Kopf hervortreten.

Ein weiteres Tier, das sich völlig unerwartet unter den Zeichnungen der Zoo-Familie fand und an das dieselben Assoziationen geknüpft sind wie an den Panda, ist der Koala, ein niedliches Säugetier, das zur Gattung der Beuteltiere gehört. Der Panda und der Koala gehören zwei unterschiedlichen Tier-Familien an, haben aber eine typische Gemeinsamkeit: Sie sehen aus, als ob sie um Schutz bitten würden.

Der Koala ähnelt dem Teddybär ohne Schwanz, mit einem großen Kopf und runden Ohren. Die Jungen verbringen gleich nach der Geburt sechs Monate im Beutel der Mutter. Wenn sie ausgewachsen sind, leben sie fast immer festgeklammert an die Eukalyptus-Bäume, von denen sie sich ernähren. Vielleicht ist es gerade diese Umarmung, die die Phantasie der Kinder anregt und die ihnen das Gefühl gibt, daß es zarte und hilfsbedürftige Tiere sind. Diejenigen unter ihnen, die sich als Koala oder Panda darstellen, sind sicherlich zuwendungs- und liebesbedürftig und in ihrer sozial-emotionalen Entwicklung immer noch der frühen Kindheit verhaftet, die für sie vielleicht unter emotionalen Gesichtspunkten nicht zufriedenstellend war. Es sind auch Kinder,

Bild 63 *Antonio, 11 Jahre alt: mein Bruder Koala Ich meine Mutter mein Vater*

die nicht erwachsen werden wollen, sie möchten jedenfalls in irgendeiner Form getragen und geschützt werden.

Antonio, elf Jahre alt (Bild 63), ist ein kleiner Koala, der sich an dem Rücken des 18jährigen Bruders festklammert. Aber auch der Bruder ist nicht so recht in der Lage, ihm zu helfen, denn er selbst umklammert einen dicken Baumstamm. Unterhalb des Baumes befinden sich die Mutter (Hyäne) und der Stiefvater (Bär). Es ist offensichtlich, daß die Jungen von den beiden keine Hilfe zu erwarten haben.

Krokodil

Wenn man im Test eine Person als Krokodil dargestellt findet, darf man sich ruhig fragen, von wem sich das Kind wohl bedroht fühlt, und warum es voller Aggressivität und Angst steckt. Das Krokodil ist ohne Zweifel ein Symbol für Aggressivität, Gefräßigkeit und absolute Heimtücke. Es kann sich im Gewässer eines schönen tropischen Flusses verstecken oder im Uferschlamm zwischen Baumstämmen tarnen.

In den Tarzanfilmen kämpft der Hauptdarsteller heldenhaft mit diesen unberechenbaren und gefräßigen Reptilien, die zwar die Bösen verschlingen, aber genauso hilflosen jungen Frauen nach dem Leben trachten. Sowohl Alligatoren als auch Kaimanen wird als typische Eigenschaft die heimtückische Grausamkeit zugeordnet. Dieses Charakteristikum behalten sie auch in den Zeichentrickfilmen bei. Es ist, im Gegenteil, sogar bezeichnend, daß das Krokodil seinem wahren Charakter treu bleibt, während andere, sonst gefürchtete Tiere (siehe der »rosarote Panther«) oft harmlos und sympathisch werden. In Peter Pan z. B., dem Zeichentrickfilm von Walt Disney, wird der schreckliche Kapitän Hook von einem hungrigen Krokodil angefallen.

Im Test stellt das Krokodil vor allem männliche Figuren dar (insbesondere den Vater), wie übrigens auch die Schlangen. Die Furcht, die Krokodile bei den Kindern auslösen, läßt sich zum Teil auf eine unbewußte Angst und Anziehung zugleich gegenüber der männlichen Sexualität zurückführen.

Die »Krokodil«-Personen des Tests können ganz real gewalttätig, cholerisch, herrschsüchtig sein. Aber es kann auch sein, daß sie es nicht sind und daß das Kind auf die »Krokodil«-Person projiziert, das heißt die negativen Gefühle und die Wut, die es selbst ihr gegenüber empfindet, der Person zuschreibt. Mit anderen Worten: Nicht ich bin der Böse, sondern er, der mich nötigt, negative Gefühle zu haben.

Bild 64 *Daniele, 8 Jahre alt: meine Mutter Adler, meine Schwester ich mein Papa*

Neben einem Krokodil als Verfolger erscheint oft ein schwaches und schutzloses Tier als Verfolgter. Die Aggressivität des anderen (des Verfolgers) zu betonen, ist eine Möglichkeit, die Unsicherheit und die Angst des Verfolgten augenfällig darzustellen.

Schauen wir uns das Bild 64 des achtjährigen Daniele an. Mit drei Jahren verlor er seinen Vater. Seine Mutter hat vor kurzem wieder geheiratet, einen wesentlich älteren Witwer und Vater einer heranwachsenden Tochter. Das Leben Danieles verändert sich nun auf für ihn extrem schmerzliche Weise: Er war es gewöhnt, in engem Kontakt mit der Mutter zu leben (er schlief in ihrem Bett). Nun muß er den Platz für einen fremden Mann räumen. Außerdem spürt das Kind die

Bild 65 *Giovanni, 8 Jahre alt: Papa, 45 Mama, 37 mein älterer Bruder, 11 ich, 8 mein jüngerer Bruder, 7*

Feindseligkeit der Schwester, die sowohl ihn als auch die neue Mutter ablehnt.

In seinem Bild gibt Daniele auf eindrucksvolle Weise die Dynamik innerhalb der Familie wieder: die Aggressivität der Stiefschwester »Adler« gegenüber der Mutter »Schmetterling«, und die des Stiefvaters »Krokodil« gegen ihn, ein schwaches und schutzloses Küken. Man beachte noch den großen Schwanz des Reptils im Vergleich zu Danieles Schwänzchen: die männliche Stärke im Gegensatz zur eigenen Kleinheit.

Im folgenden Bild (Bild 65) von Giovanni ist es das Kind selbst, das sich als Krokodil darstellt. Er ist acht Jahre alt und das zweite von drei Geschwistern. Die Eltern, die tagsüber viele Stunden außer Haus sind, lassen die drei Jungen ohne jegliche Aufsicht und in dauerndem Streit untereinander allein. Der ältere Bruder, elf Jahre alt, ist schwer gestört. Er reagiert sich auch an Giovanni ab, indem er ständig versucht, dessen Grenzen zu verletzen. Giovanni seinerseits läßt seine Aggressivität an seinem jüngeren Bruder aus. In Bild 65 sehen wir die Eltern als friedliche Tiere dargestellt, die von der Wut des älteren Sohnes »Tiger« bedroht werden. Giovanni (Krokodil), hinter ihm, versucht in dessen Schwanz zu beißen. Der jüngere Bruder »Affe«, als letzter in der Reihe, sucht Rettung auf dem schwachen Ast eines Baumes.

Küken

Das Küken ist nicht nur das Junge von der Henne, sondern, wie es in einem Wörterbuch heißt, »jeder Vogel, der noch nicht aus dem Nest herauskommt«. Wenn die Familie, symbolisch gesprochen, das Nest ist, wie mag dann ein Kind sein, das sich als Küken zeichnet? Es ist sicherlich noch auf Nahrung und auf Liebe angewiesen. Es wird sich selbst als schwach wahrnehmen und gegenüber der Realität draußen unsicher sein, es wird eine Glucke brauchen, die es leitet und beschützt.

Bis zu welchem Alter fühlt sich ein Kind als Küken? Normalerweise bis zum Ende des Kindergartens. Wenn es sich jedoch mit sieben, acht, zehn Jahren, zu einer Zeit also, wo es sich, bildlich ausgedrückt, wie ein junger Hahn fühlen sollte, weiter als Küken darstellt, dann müssen sich die Eltern nach dem Grund dieser Schwäche fragen und überlegen, was seinen Wachstumsprozeß blockieren könnte.

»Süß«, »weich«, »schwach« haben die Kinder es beschrieben. Ein Kind kann Küken bleiben, wenn eine überbehütende Mutter »Glucke« (Michaela, Bild 35) ihm die Autonomie verwehrt, oder wenn die externe Realität so bedrohlich ist, daß es sich machtlos fühlt. Für ein Kind können die Gefahren mannigfaltig sein: eine ausgeprägte Aggressivität in der Familie (Daniele, Bild 64), zum Beispiel, oder die Angst vor Liebesentzug (»wenn du böse bist, schickt dich die Mama ins Internat... hat dich nicht mehr lieb...« usw.). Gefährlich sind auch die negativen Gefühle, die das Kind spürt, oder die sexuellen Triebe, die so heftig getadelt werden.

Ein dramatisches Zeugnis seines Unbehagens liefert uns Ilario, neun Jahre alt, Sohn einer alkoholabhängigen Mutter (Piraña). Die Frau fällt von depressiv verstimmten in manisch überschwengliche und aggressive Zustände, in denen sie Ehemann und Kinder beschimpft. Ilario gelingt es nicht, den Grund für dieses Auf und Ab der Gemütszustände bei

Bild 66 *Ilario, 9 Jahre alt: Papa Mama Piraña Ilario 9,5 Jahre Stefano 6 Jahre*

der Mutter und den abrupten Wechsel in ihrem Verhalten herauszufinden, er erträgt es lediglich, aber mit Angst. Der Vater versucht der bedrückenden Familiensituation zu entfliehen und geht nach der Arbeit mit seinen Freunden zum Kartenspielen bis in die späte Nacht. Auch Ilarios jüngerer Bruder ist ein gestörtes und unruhiges Kind (die große Maus mit erhobenen Armen und dem roten, aufgerissenen Mund). Der Vater, der als erster dargestellt ist, fast außerhalb des Blattes, ist ein Seehund, der mit einem bunten Ball spielt. Ilario, an letzter Stelle, wirkt wie ein kleines erstarrtes Küken (Bild 66).

»Du siehst aus wie ein nasses Küken«, sagt man (in Italien, d. Red.) von einer unbeholfenen Person mit einem schüchternen und unsicheren Verhalten. Manchmal erscheinen im Test Väter und Mütter »Küken«, und es ist schmerzlich, wenn man sich vorstellt, wie sich ein Kind von solchen Eltern behütet fühlen soll.

Kuh

In Ägypten war die Kuh heilig. Als Mutter der Sonne mit den Zügen der Göttin Athor ist sie ein Symbol der Fruchtbarkeit, des Reichtums und der Erneuerung. In Indien verkörpert sie die nährende Erde. Den Kühen sind die heiligen Opferformeln der Veda, der ältesten heiligen Schriften der Inder, gewidmet. Kühe wurden bei Begräbnissen am Fuße der Scheiterhaufen geopfert, und ihre edelsten Teile wurden über dem Leichnam verteilt.

In der patriarchalischen Gesellschaft herrscht die Bedeutung vor, die fast ausschließlich an die reproduktiven und

Bild 67 *Alvaro, 9 Jahre alt: 1 Papa (36) Gorilla   Mama (29) Kuh (Kälbin) Ich (9) Schimpanse   Simona (10) Maus*

sexuellen Funktionen gebunden ist. Von einer Frau sagt man abwertend,»sie ist eine Kuh«.

Für Freud ist die Kuh Symbol der Fruchtbarkeit und Sicherheit im Mutterschoß. Für Jung ist sie eine der zahlreichen Archetypen der Mutter, die großzügige Milchspenderin. Die Kinder, vor allem die aus der Stadt, haben mit der Kuh nur selten Bekanntschaft gemacht. Meistens werden sie heute in die großen Anlagen zur industriellen Erzeugung von Milch und Käse verbannt. Nur gelegentlich treten sie im Fernsehen auf, um für eine bestimmte Schokoladen-Marke oder eine Käse-Sorte zu werben. Im Test der »Zoo-Familie« kommt die Kuh sehr selten vor (ein Zeichen der Zeit!).

Bei der Wahl der Adjektive entscheiden sich 82% der Kinder für »nützlich«, 11,8% für »zärtlich«.

Die Mutter »Kuh« ist im allgemeinen gutmütig, geduldig, langsam, vielleicht dick. Alvaro, neun Jahre alt, malt eine Mutter »Kuh«, die bewundernd und mit einem weichen Ausdruck in den Augen einen Ehemann »Gorilla« mit einem großen Schwanz anschaut.

Alvaro möchte gerne den Platz des Vaters einnehmen; es ist kein Zufall, daß er sich als Schimpanse malt. Seine spitzen Zähne zeugen von der Wut, die er für das Paar empfindet, und auch von dem Gefühl der Machtlosigkeit in seinen Versuchen, den Vater im Herzen der Mutter zu ersetzen (Bild 67).

Lamm

Das Lamm steht traditionell mit seinem Namen für die Vorstellung von einem frommen, schüchternen und harmlosen Tier. Für die Alten (vor allem in der Bibel) ist es ein Symbol für Sanftmut, Unschuld, Reinheit, Bescheidenheit. Die Christen haben es zu ihrem heiligen Opfertier erwählt, das für die Erlösung der Welt einsteht. Johannes der Täufer sagt, als er Jesus sieht: »Hier ist das Lamm Gottes, das nimmt weg die Sünden der Welt.« Und während der Messe wird der Satz bei der Eucharistie wiederholt. Dieses kulturell geprägte Bild des

Bild 68 *Micol: Papa Lämmchen Mama Ameise Vanessa Ferkel Stefano Schnecke Micol Schwalbe*

Lammes konnte die Kinder nicht beeinflussen, die, um es zu charakterisieren, die Adjektive »hilflos« und »klein« gewählt haben.

Wenn das Kind sich selbst also als Lamm zeichnet, drückt es damit sein Gefühl von Schwäche, von Furcht vor Autorität aus. Um aber dieses Gefühl der Furcht ganz bewerten zu können, muß man auch die Tiere berücksichtigen, die für die anderen Familienmitglieder gewählt wurden (z. B. Wolf, Tiger, Hai). Indem es sich selbst als Lamm zeichnet, äußert das Kind natürlich auch orale Bedürfnisse, unbewußte Wünsche, auf einer frühen Entwicklungsstufe zu verharren, wo das Versorgen durch die Erwachsenen überwiegt, oder es möchte auf diese Stufe zurückkehren. Das Kind muß also unterstützt und ermutigt werden (vor allem, wenn es schon halb erwachsen ist). Im Test wird das Lamm auch oft gewählt, um einen jüngeren Bruder darzustellen, mit der klaren Anspielung auf seine Schwäche oder seine Situation als Säugling.

Ein Vater oder eine Mutter »Lamm« werden sicherlich nicht als beschützende Figuren wahrgenommen. Das Kind, das sie so zeichnet, hebt deren Angst gegenüber der Realität oder einer anderen Figur innerhalb der Familie hervor, die für stärker gehalten wird. Es ist deshalb wichtig, darauf zu achten, welche Person in der Zeichnung als starkes Tier dargestellt wird.

Micols Zeichnung stellt einen Vater »Lämmchen« und eine Mutter »Ameise« dar (Bild 68). Wie kann das Mädchen sich von einem dahinschwindenden Paar behütet fühlen? Es bleibt ihm nichts anderes übrig, als für sich selbst die Schwalbe zu wählen, in dem Wunsch, der Realität zu entfliehen.

Löwe

Seit der Antike ist der Löwe ein Symbol für Macht, Mut, Souveränität, Gerechtigkeit. Sein Abbild ist mit der Darstellung von Christus als Weltenrichter verbunden. Mit einem Buch zwischen den Pfoten symbolisiert er den Evangelisten Markus. Auf dem Thron des Königs Salomon fand man ebenfalls eine Darstellung. In Ägypten waren Löwen heilige Tiere. Sie wurden als Paar abgebildet, wobei einer dem anderen den Rücken zukehrte, so daß jeder von ihnen den jeweils entgegengesetzten Horizont fixierte (Vergangenheit und Zukunft).

Als »König der Savanne« entspricht sein Status auf der Erde dem des Adlers im Himmel. C. G. Jung deutet den Löwen in Träumen als entstehende Leidenschaften, in Freuds Deutung steht er für ausbrechende Leidenschaftlichkeit.

Er ist nicht so blutgierig wie der Panther, er greift an und tötet nur aus Hunger oder um seine Jungen zu verteidigen. In der Gefangenschaft, im Zoo oder im Zirkus, paßt er sich an, und man kann ihn sogar zähmen.

Der Löwe als Symbol der Macht par excellence ist das Tier, das am häufigsten verwendet wurde, um den Vater darzustellen. Im Test sind alle vorgeschlagenen Adjektive gleich häufig gewählt worden: »stark«, »gefährlich«, »aggressiv«, »majestätisch«. Und auch in den Bildern treten ruhige, drohende, friedliche und sogar lächelnde Löwen auf.

Für die Analyse der Vater-Sohn-Dynamik verwendet Bellak in seinem C. A. T.-Test das Bild eines Löwen, der auf einem Thron sitzt (der Vater), neben sich einen Stock; darunter, in einer Ecke, erkennt man eine kleine Maus (das Kind). Je nachdem, ob das Kind den Löwen als furchterregend oder müde (der Stock kann dazu dienen zuzuschlagen, aber auch, um sich darauf zu stützen) und die Maus als ver-

Bild 69 *Laura: Francesca Mama Andrea Papa ich*

ängstigt oder keck ansieht, kann man annehmen, daß das Verhältnis zum Vater entweder friedlich und beruhigend oder angstmachend und konflikthaft ist.

Im Test ist Lauras Vater »Löwe« (Bild 69) klein und niedlich, als ob er eine Zeichentrickfigur wäre. An erster Stelle im Bild steht ein ganz großer Schmetterling mit roten Herzchen (das kleinste Schwesterchen, auf das Laura eifersüchtig ist). Die Mutter »Katze« schaut Lauras jüngere Schwester an, und der Vater »Löwe« ist dem jüngsten Sohn zugewandt. Sie selbst befindet sich in der Luft als kleiner Vogel und versucht, von ihrem Kummer wegzufliegen.

Robertas Vater dagegen ist ein riesiger Löwe, der im Begriff ist, über eine Mutter »Panther« auf der Flucht herzufallen (Bild 70). Es ist eine eindrucksvolle sinnbildliche Darstellung einer ehelichen Beziehung, die in einer Krise steckt.

In Robertas Bild gibt es ein interessantes Detail: Am Ast eines großen Baumes hängt ein großer Käfig, wo die jüngere Schwester »Vögelchen« eingesperrt ist. Hier können wir den Wunsch der Zeichnerin herauslesen, die kleine Rivalin, den Eindringling, aus ihrem Gefühlsleben auszuschließen. Roberta selbst dagegen stellt sich frei als Schmetterling dar, der die Aufmerksamkeit der Eltern auf sich ziehen möchte. Aber sie spürt leider, daß sie sie nicht bekommt.

Bild 70 *Roberta: Ernesto Anna Giordana Roberta*

Die Autorität und die Macht der Eltern können aber auch wohltuend und beruhigend sein. Was der achtjährige Alessandro, ein Einzelkind, malt, ist ein Bild der Harmonie: Als kleiner Löwe steht er im Zentrum der Aufmerksamkeit eines Vaters »Löwe« und einer Mutter »Löwin«. Das Pfötchen des kleinen Löwen ist gegen den Vater erhoben (eine Liebkosung oder die zaghafte Geste einer Herausforderung?) (Bild 71). Sicherlich muß Alessandro noch wachsen und zu einer eigenen Persönlichkeit werden, unabhängig von der seiner Eltern. Kinder, die sich als Löwe malen, lassen aber ein gutes Selbstbewußtsein, Stabilität, ein unbeschwertes Gefühlsleben erkennen.

Bild 71 *Alessandro, 8 Jahre alt: Papa ich Mama*

Die Mutter »Löwin« ist eine starke Frau, sie gibt ihren Kindern Schutz, und sie ist fähig, die eigene Rolle innerhalb der Familie zu vertreten.

Marienkäfer

Kinder hören nie auf, uns zu überraschen: Wir hätten nicht gedacht, daß in der weitverzweigten und bunten Welt der Tiere der Marienkäfer einen so großen Raum einnehmen würde. In den Bildern der Zoo-Familie tauchen jedoch Legionen von Marienkäfern auf: stehend, auf Blättern, mit gut sichtbaren Beinchen, mit eingezogenen Beinchen und sogar mit Zähnen. Sie können Väter, Mütter, Geschwister und die Maler selbst darstellen.

»Marienkäfer«, so werden in Italien liebevoll die jüngsten Kinder bei den Pfadfindern genannt. Die winzigen, niedlichen Insekten sollen, so sagt der Volksmund, Glück bringen. Die Kinder können sie leicht auf die Hand setzen, ihren glänzenden, roten, schwarz-gepunkteten Mantel bewundern und sie weiter fliegen lassen. In den Bildern stellen sie oft weibliche Personen dar und die jüngeren Geschwister. Aber im Unterschied zu anderen Insekten (Spinnen, Fliegen, Grashüpfer) werden die »Marienkäfer«-Personen vom malenden Kind mit Sympathie, Zuneigung, Wohlgefallen wahrgenommen, manchmal mit dem Wunsch, ihnen Schutz zu bieten.

Ganz sicher werden ein Vater oder eine Mutter »Marienkäfer« keine ausgeprägte Persönlichkeit und keinen offenherzigen Charakter haben. Es werden eher ruhige Personen sein, ein wenig furchtsam, leicht zu haben, aber auch leicht zu verlieren.

Das Kind, das dieses Insekt für sich selbst wählt, ist sanft, ein wenig verschlossen. Es sollte lernen, sich besser durchzusetzen und mit der eigenen Aggressivität herauszurücken, anstatt sie zu fürchten.

Wenn ein jüngerer Bruder als Marienkäfer dargestellt wurde, dann bedeutet das, daß der Maler die akute Phase der Eifersucht überwunden hat und nun die zärtlichen und fürsorglichen Gefühle in ihm überwiegen.

Bild 72 *Maria Elena, 9 Jahre alt: Mama Papa Anna Lisa Massimo ich*

Das Bild 72 der neunjährigen Maria Elena verdient unsere Aufmerksamkeit. Sie hat ihre Zwillingsschwester Anna Lisa oben im Bild als Schmetterling gemalt. Das Mädchen liebt die Schwester und bewundert sie, aber wie so oft bei Zwillingen empfindet sie auch Eifersucht und fühlt sich ausgeschlossen. Maria Elena malt sich allein unten im Bild als hübschen Marienkäfer. Aber der ist nicht vergleichbar mit der Schwester »Schmetterling«, die einen privilegierten Platz neben dem Vater hat.

Maus

Klein, schlau, flink, sprühend vor Intelligenz, so schafft sie es immer, zu gewinnen oder sich sogar vor gefährlichen und aggressiven Feinden zu retten. Nicht zufällig ist Micky Maus von Walt Disney ein Detektiv, der dank seiner Schlauheit Verbrecherbanden zerschlagen kann. Schon Äsop hatte bei der kleinen Maus die Schlauheit herausgestellt, die über die Stärke siegt. In der bekannten Fabel »Der Löwe und die Maus« rettet der winzige Nager den König der Tiere: Sie beißt das Fangnetz durch, in das der Löwe geraten war.

Von der Zeit der ländlichen Gesellschaft, in der die Mäuse für eine echte Plage gehalten wurden, sind die Kinder von heute weit entfernt. Als exzellente Läufer, Kletterer und, in der Not, Schwimmer sind Mäuse fähig, mit einer erstaunlichen Geschwindigkeit Nahrung und verschiedenste Materialien (inklusive Asphalt und Blei) zu vernichten. Eine historische Kuriosität gibt es auch zu berichten: Es kam einmal sogar zu einem Strafverfahren gegen sie, so daß sie im Jahre 1480 in Frankreich vor das kirchliche Gericht von Autun gebracht wurden, unter der Anklage, »auf verbrecherische Art und Weise und in blinder Zerstörungswut (Vandalismus) die ganze Malzernte des Dorfes gefressen und vernichtet zu haben«. Noch bis 1800 wurden gegen Mäuse Teufelsaustreibungen und Geisterbeschwörungen veranstaltet.

Die technologische Gesellschaft hat mit ihren Mitteln der Rattenbekämpfung die von diesem kleinen Nager verursachten Schäden merklich eingeschränkt. Heute spricht man fast nur noch im Zusammenhang mit wissenschaftlichen Experimenten (in Medizin und Psychologie) von Mäusen. Seit 1928, dem Geburtsjahr der berühmten Micky Maus von Walt Disney, einer kleinen Maus, die einen bestimmten Typus von durchschnittlichem, kampflustigem, pragmatischem und manchmal respektlosem Amerikaner

Bild 73 *Rossella, 9 Jahre alt: ich mein Bruder meine Mutter mein Vater*

verkörpert, hat das Zeichentrickfilm-Genre eine Serie von Maus-Figuren entworfen, die genauso berühmt sind: »Speedy Gonzales«, die ungeheuer schnelle mexikanische Maus, »Jerry«, bitterster Feind von »Tom«, und die in Italien sehr beliebte Puppe »Topo Gigio« (Gigio, die Maus), um nur einige zu nennen.

Im Test halten 67,5% der Kinder die Maus für »schlau«, 20,8% für »gefährlich«, 11,5% für »wehrlos«. Weil sie so klein ist, weil sie sich gegenüber den Großen so listig durchzusetzen weiß, und weil sie lustig ist, wählen die Kinder sie bevorzugt, um sich selbst oder Geschwister, die sich ständig streiten (Vincenzo, Bild 61), darzustellen. Die Maus-Figuren sind also lustig, respektlos, listig und Gauner.

Die Situation »Katz' und Maus« spiegelt nicht nur die Auseinandersetzungen unter Geschwistern, sondern manchmal auch das Verhältnis Mutter–Sohn. Die Mutter »Katze« ist nicht selten eine symbiotische, überbehütende Mutter, die gerne, aus Liebe, ihr »Mäuschen« auffressen würde (so werden die Kinder zärtlich genannt).

Rossella, neun Jahre alt, zeichnet dagegen sich selbst als Katze und die Mama als Maus: ein hübsches Bild der Familiendynamik (Bild 73). Außer der Katze und der Maus gibt es noch einen Bruder »Hund«, mit dem Rossella wirklich keine idyllische Beziehung hat. An letzter Stelle finden wir einen artigen, liebenswürdigen Vater »Kaninchen«. Alle Figuren stehen aufrecht auf ihren zwei Hinterpfoten, wie um sich selbst zu behaupten. Kurz und gut, trotz kleiner täglicher Auseinandersetzungen, erscheint die Familie als Einheit, unbeschwert und nicht auf dramatische Art und Weise zerstritten.

Meerjungfrau (Sirene)

»Die kleine Meerjungfrau« ist die berühmteste und meistfotografierte dänische Sehenswürdigkeit, eine Statue auf einem Felsen am Meeresufer bei Kopenhagen. Vielleicht haben nicht alle Kinder das schöne und traurige Märchen von Andersen gelesen oder gehört; sehr viele aber haben, glaube ich, den Zeichentrickfilm von Walt Disney, »Arielle, die Meerjungfrau«, gesehen: Arielle wird vom Vater von einem Zauber befreit und nach dem Tod der Meereshexe die glückliche Braut eines Prinzen.

Erst seit dem Mittelalter werden Meerjungfrauen als Frauen mit Fisch-Unterleib dargestellt. Im antiken Griechenland waren Sirenen Vögel mit dem Gesicht und dem Busen einer Frau, sie verführten mit ihrer Schönheit und mit dem süßen Klang ihres Gesangs die Seeleute. Sie brachten sie um, und schlußendlich aßen sie sie. Odysseus ließ sich, um sich nicht von ihrem Gesang verführen zu lassen, am Schiffsmast festbinden, nachdem er seiner Mannschaft Wachs in die Ohren gestopft hatte. Meerjungfrauen wurden zum Symbol für tödliche Verführung, für Verlangen und für Leidenschaft, die zur Selbstvernichtung führt. Die Liebe zwischen einem Mann und einer Meerjungfrau kann niemals verwirklicht werden: Die Sirene kann einen Mann anlocken, kann aber nicht seine Erwartungen erfüllen. Im Test wurde die Meerjungfrau nur für die Darstellung der Mutter benutzt. Sie ist eine von dem malenden Kind bewunderte Mama, die jedoch, wie ein unrealisierbarer Traum, unerreichbar fern bleibt (Francesca, Bild 107).

Die Mama »Meerjungfrau« ist, da sie von einer Tochter gemalt wurde, die Traumvorstellung von weiblicher Schönheit, aber unerreichbar. Besitzen kann sie jedoch in der Tat der Ehemann, mit dem sie in der Vorstellung des Mädchens eine privilegierte Beziehung hat.

Bild 74 *Paola, 10 Jahre alt: ich Mama Papa*

Paola (Bild 74), zehn Jahre alt, malt die Mama als schöne Meerjungfrau, die sich friedlich einem Vater »Wal« anbietet, der bereit ist, sie aufzufressen. Das Auffressen gleicht, symbolisch gesehen, dem Eindringen, das heißt, einem Geschlechtsakt. Paola liebt und bewundert beide Eltern, fühlt sich jedoch aus ihrer Beziehung ausgeschlossen und malt sich als kleinen Hund, der auf der Flucht ist.

Nashorn (Rhinozeros)

Es ist nach dem Elefanten das größte Tier der Welt: circa zwei Meter hoch, mit einem Gewicht bis zu drei Tonnen. Es ist ein vegetarischer Koloß mit wuchtigem Kopf und einer fast nackten Haut. Wegen seiner bedrohlichen Hörner, denen aphrodisierende Eigenschaften zugeschrieben wurden, wurde es vom Menschen erbarmungslos gejagt. Es hat die Angewohnheit, sich an Steinen und Bäumen die Hörner abzustoßen, die dann wieder in der ursprünglichen Form nachwachsen.

Plötzliche und unmotivierte Wutausbrüche sind bei Nas-

Bild 75 *Sandro, 10 Jahre alt: mein Vater ich meine Schwester meine Mutter*

hörnern nicht ungewöhnlich. In einem solchen Fall greifen sie auf gefährliche Weise an. Die Attacken bedeuten aber keine tödliche Gefahr, da das Nashorn wegen seiner Masse keine schnellen Richtungswechsel ausführen und deshalb sein Ziel nicht treffen kann, wenn dieses sich schnell zur Seite bewegt.

Bei der Auswahl der Adjektive haben die Kinder eine leichte Vorliebe für »schwer« (39,5%), dann für »wild« (34,6%) und für »stark« (25,9%). Das Nashorn kommt aber in Wirklichkeit in ihren Bildern kaum vor und wird ausschließlich für den Vater gewählt, ganz allgemein für einen Menschen mit plumpen Eigenschaften und einer stumpfsinnigen Aggressivität.

Sandro, zehn Jahre alt, malt einen gedrungenen Vater »Nashorn«, ganz in Schwarz, der mit einem spitzen Horn auf den sehr dünnen Hals der Mutter »Giraffe« gerichtet ist (Bild 75). Der Mann ist ein verschlossener und jähzorniger Charakter, streitet oft mit seiner Frau, erträgt die Kinder kaum und kann weder ihren Krach beim Spielen noch das Geräusch des Fernsehers aushalten. Sandro, der eine starke unterdrückte Aggressivität hat, zeichnet sich als Gepard. Sein jüngeres Schwesterchen, ein großer Schmetterling (groß deshalb, weil er sie in der Familie als wichtig empfindet), schiebt sich dazwischen in die Beziehung zwischen ihm und der Mutter.

Papagei

Die Kinder sind von seinem prachtvollen Gefieder, dem gekrümmten Schnabel und dem erstaunlichen Talent, Wörter zu wiederholen, fasziniert. Es ist gerade die Fähigkeit, die menschliche Stimme zu imitieren, die den Papagei in den Augen der Kinder so interessant macht. Aber weil sie seit der Volksschule immer wieder solche abwertenden Redensarten hören wie »Lerne nicht wie ein Papagei«*, »Du machst alles nach wie ein Papagei«, schreiben die Kinder diesem bunten Vogel eine nicht ganz positive Bedeutung zu, da er irgendwie für eine Person steht, die Gesten und Worte anderer wiederholt oder imitiert, wie das zum Beispiel jüngere Geschwister gerne tun, die aus Spaß, oder um sich über jemand lustig zu machen, die älteren imitieren, manchmal auch die Eltern oder bekannte Persönlichkeiten.

Als »Nachmacher« wird er von 66,3% der Kinder eingestuft, als »intelligent« nur von 17,5%. Eine Person »Papagei« kann ein scharfer Beobachter sein, vorlaut oder naseweis, zum Hacken bereit sein und witzig; aber um sich zu halten und um oben zu bleiben, braucht er auf jeden Fall eine Stütze, ein Gestell.

Im Grunde kann man mit einer Person, die ständig unsere eigenen Worte wiederholt, keinen großartigen Dialog führen. Marta, zehn Jahre alt, hat die Mama als Papagei auf einem Gestell gemalt. Als sie gefragt wird, warum, sagt sie, sie ist elegant; in Wirklichkeit gilt ihre Bewunderung dem Vater »Giraffe«, sie bezeichnet ihn als »groß«, wegen seiner persönlichen Qualitäten (Bild 76). Sie selbst ist ein Kätzchen, das ein wenig verloren wirkt und das so weit von den Eltern

* Das soll heißen: Lerne nicht, ohne dein Gehirn zu benutzen (d. Red.).

Bild 76 *Marta, 10 Jahre alt: Mama ich Papa*

entfernt ist, daß es ihnen nicht einmal in die Augen sehen kann (die Wahrheit ist, daß sie keinen wirklichen Kontakt zu ihnen aufnehmen kann).

Die Kinder, die ihre Geschwister als Papagei malen, wollen sich zwar über sie lustig machen, doch ohne es böse zu meinen, eher auf eine gütige, scherzhafte, nette Art, eine Art Zuneigung.

Pfau

Der Pfau genießt bei den Erwachsenen keine große Sympathie wegen seinem prächtigen Rad: »Er benimmt sich wie ein Pfau« (im Dt. »er ist ein eitler Pfau«, d. Red.), »er schmückt sich mit den Federn des Pfaus« (im Dt. »sich mit fremden Federn schmücken«, d. Red.), sagt man von einer eitlen und gefallsüchtigen Person.

Aber es ist nicht überall so. Diesen Vogel, der ursprünglich aus Indien kommt, lieben und vergöttern viele Völker. In Birma ist er ein Symbol für Schönheit und für die Kraft der Sonne. Bei den Chinesen wird er als Friedens- und Wohlstands-Votivgabe geopfert. Er wird »Kuppler« genannt, weil man glaubt, sein Blick könne eine Frau fruchtbar machen.

In der alten christlichen Ikonographie kommt er als Symbol der Auferstehung des Fleisches vor (vielleicht in Zusammenhang mit einer Legende, nach der sein Fleisch unverweslich ist).

Die Entsprechung »Schönheit gleich Dummheit« (oder Eitelkeit) ist ein Stereotyp unserer Zeit. Aber Kinder denken anders. Sie glauben, daß Menschen sich in »schöne und gute« und »häßliche und böse« aufteilen. Die Mütter, die Lehrerinnen: für die Kinder sind alle Menschen, die sie lieben, immer »schön und gut«.

Wenn wir die »Pfau«-Persönlichkeit interpretieren, dürfen wir uns nicht von unseren Klischees beeinflussen lassen. Eine Mutter »Pfau« (Kinder brauchen diesen Vogel fast immer, um weibliche Figuren darzustellen) ist eine schöne, bewundernswerte Mutter: nicht aggressiv, vielleicht ehrgeizig. Die zarte Zeichnung von Christina ist dafür ein Beispiel: Eine wunderhübsche Mutter »Pfau« breitet ihre weiten Flügel aus und umarmt ihre zwei Kinder (Kaninchen und Katze). Oben schreibt Christina: »Meine Mama – ein Pfau, nicht weil sie eitel, sondern weil sie schön und gut ist.« Neben der großen Mutter, an erster Stelle, steht ein Bär aufrecht da. Er sieht lieb

Bild 77 *Christina*

aus und hat ein gelbes Herzchen auf der Brust. Die Schrift oben sagt: »Mein Vater – ein Bär mit einem goldenen Herzen.«

Kinder, die sich als Pfau darstellen, haben nicht immer eine hohe Meinung von sich. Sie sind vielleicht unsicher und brauchen Bestätigung. Um also ein Gefühl der Unzulänglichkeit auszugleichen, wählen sie ein Tier mit attraktiven Eigenschaften, welches die Aufmerksamkeit auf sich zieht.

Pferd

Die Geschichte der Menschheit ist eng mit dem Pferd verbunden (dem Berber, Araber, Mongolen). Es machte die großen Völkerwanderungen der Geschichte erst möglich. Es war jedoch nicht einfach, das Pferd zu zähmen (in Zentralasien gibt es noch eine wilde Art). Die ersten Tiere, die zum Reiten und als Transportmittel benutzt wurden, waren die Esel und die Ochsen. Das Pferd jedoch leistete lange Widerstand, bevor es aufgab. Wegen seiner Ausdauer, seiner Intelligenz, seinem Gedächtnis, hat es über Jahrtausende hinweg verschiedene Funktionen erfüllt: mal schneller »Motor«, mal vitale Kraft für die Armeen, mal Zierde der Könige. Mit dem Auto wurde es zunehmend weniger wichtig und wurde weniger gebraucht, so daß es nunmehr fast ausschließlich in den sportlichen Wettkampf (Reitsport) und auf Paraden verbannt ist.

Das Pferd ist einer der am stärksten im kollektiven Unbewußten verwurzelten Archetypen. Schon immer hat es die heroische Seite des Lebens symbolisiert. Im antiken Griechenland galt es als Lieblingstier der Götter, das Sinnbild der perfekten Bewegung. Homer teilt den großen Helden sagenhafte Pferde zu. Es sind Geschenke der Götter (die Pferde des Achilles, Sarpedontes). In zahlreichen Märchen sind die schwarzen Pferde Vorboten des Todes, die weißen solche glücklicher Ereignisse. Bei vielen Völkern haben sie eine deutliche sexuelle und Fruchtbarkeits-Symbolik, woran noch der heutige Gebrauch der Wörter »Stute«, »Reitstute«, »Fohlen« im entsprechenden Zusammenhang erinnert. Das Wort »reiten« hat in Anspielung auf die Triebnatur des Tieres eine deutlich erotische Konnotation.

»Feurig«, »edel«, »frei« sind im Test die von den Kindern gewählten Adjektive, mit denen sie die typischen Eigenschaften des Pferdes benennen. Um aber die Gefühle des Kindes richtig zu interpretieren, muß man zu verstehen su-

Bild 78 *Cecilia, 10 Jahre alt: Papa Mama Stefano ich*

chen, welche Vorstellung in ihm überwiegt: das Magische der Märchen (das weiße Pferd des blauen Prinzen in Schneewittchen), das heroische der Kavallerie-Trecks in historischen Filmen oder im Western, das des Gauls, der den Karren zieht und der von seinem Herrn ausgepeitscht wird. Das Pferd hat also im allgemeinen eine positive Konnotation, kann aber unterschiedliche Valenzen erhalten, je nachdem wie es dargestellt wird.

Das »Vater-Pferd« von Cecilia in Bild 78 hat ein selbstsicheres Aussehen, es ist in Bewegung, es scheint zu der Ehefrau »Katze« gehen zu wollen, die ihm aber halb gleichgültig, halb hochmütig den Rücken zukehrt. Cecilia ist zehn Jahre alt, bewundert ihren Vater sehr, ist auf die Beziehung zwischen den Eltern und auch auf die zwischen der Mutter und dem kleinen Bruder Stefano, der ebenfalls als lebhaftes Kätzchen abgebildet ist, eifersüchtig. Das Mädchen hat keine brillanten schulischen Leistungen, und ihre Schüchternheit hemmt sie im Kontakt mit den Schulkameraden. Sie malt sich als Schildkröte, ein Symbol für Langsamkeit und Besonnenheit (Klugheit).

Die Mutter von Chiara in Bild 79 ist ein Rassepferd. Es ist offensichtlich, daß es sich um eine junge, elegante Frau handelt, die sich vor allem um die eigene Selbstverwirklichung bemüht und permanent zerstritten ist mit dem Ehemann, der auch einen starken Charakter hat und oft jähzornig ist: ein

Bild 79 *Chiara: Mama, Papa, Matteo, ich*

Vater »Löwe«, der der Ehefrau den Rücken kehrt, gewissermaßen um ihre Kommunikationsschwierigkeiten zu unterstreichen. Die kleine Chiara, die oft dem Babysitter anvertraut wird, bewundert die Mutter, hat aber das Gefühl, daß sie weit weg ist, sie fürchtet den Jähzorn des Vaters, die Auseinandersetzungen, und malt sich, ein wenig weiter unten, als ein zusammengekauertes Eichhörnchen, das beim ersten Zeichen eines Familienstreits bereit ist zu fliehen.

Lorenzo dagegen, acht Jahre alt (Bild 80), ist wirklich ein armes Pferd. Mit gesenktem Kopf steht er neben einer Mutter

Bild 80 *Lorenzo, 8 Jahre alt: ich Mama Papa Mickymaus meine Schwester, 10 mein Bruder, 12*

»Pfau«, die nicht farbig angemalt ist. Lorenzo ist der letzte von drei Brüdern. Er hat eine lange Trennung von der Mutter in den ersten Lebensjahren erlitten. Die Frau war gezwungen gewesen, ihn der Schwiegermutter anzuvertrauen, weil sie zusammen mit dem Ehemann ein Friseurgeschäft aufgemacht hatte.

Mit sechs Jahren kehrte er nach Hause zu seinen Eltern zurück, war viele Nachmittage lang der Willkür seiner Schwester (Hai) ausgeliefert, die sich nur widerwillig bereitfand, ihn zu beaufsichtigen. Der ältere Bruder, zu dem er keine Bindung hergestellt hat, lebt sein eigenes Leben und ignoriert ihn. Im Bild wird er unten als Schildkröte dargestellt. Interessanterweise malt Lorenzo sich an erster Stelle, ein Platz, der gewöhnlich den Eltern vorbehalten ist. Im speziellen Fall von Lorenzo zeigt sein Platz aber nicht die Bedeutung an, die er glaubt innerhalb der Familie zu haben, sondern ist Ausdruck seiner Frustration auf der ödipalen Ebene. Es ist tatsächlich so, daß jene Kinder, die zu dem Elternteil des entgegengesetzten Geschlechts ein gestörtes Verhältnis haben, sich selber als erste malen.

Pinguin

Komische Vögel, diese Pinguine, sie fliegen nicht, auf dem Festland bewegen sie sich plump vorwärts, im Meerwasser sind sie gewandte Schwimmer, auf dem Eis gleiten sie schnell, auf dem Bauche liegend, dahin. Ihr einzigartiges Aussehen erinnert an vornehme Herren im Frack, und sie haben mit ihrem Benehmen und ihrer Haltung etwas Menschliches an sich.

Pinguine sind leicht zu zähmen und von sanftmütigem Charakter. Da sie sehr gesellig sind, leben sie in großen

Bild 81 *Monica, 10 Jahre alt: meine Mutter mein Vater ich mein Bruder*

Gruppen und ertragen sogar die Anwesenheit von Menschen, weil ihre extrem große Neugier sie die instinktive Angst vor dem Mensch verlieren läßt. Die Kinder amüsieren sich, wenn sie sie auf ihre komische Art einherschreiten sehen.

»Süß«, »komisch«, »schwerfällig«, das sind die Adjektive, mit denen die Kinder sie beschreiben, die ihnen gegenüber immer liebevoll- wohlwollend eingestellt sind. Monica, zehn Jahre alt, ist ein ruhiges Mädchen. Die Mutter setzt große Hoffnungen in sie, die aber nicht in Form von Schulleistungen bestätigt werden. Monica ist die älteste, sehr hübsch, immer mit Sorgfalt angezogen, wird in der Familie überschwenglich gelobt. Sie möchte auch in der Schule eine gute Figur machen, fühlt sich aber von den Lehrerinnen nicht genug geschätzt. Indem sie sich als Pfau zeichnet, hofft sie, sich noch einige Qualitäten hinzuzufügen. Die Mutter ist ein niedliches Kätzchen, der Vater, neben ihr, ein Bärchen, das seine Muskeln zeigt; den Bruder, den sie liebt, aber ein wenig beiseite schieben möchte, zeichnet sie unten, allein, als ulkigen Pinguin mit einer Fliege (Bild 81).

Polyp (und Krake)

Krake ist heutzutage die gängige bildliche Umschreibung für eine kriminelle Organisation: mit ihren Tentakeln, die jeden Sektor des Staates und des öffentlichen Lebens umklammern, droht sie die Freiheit zu ersticken, das zivile Zusammenleben, den Staat selbst. »Die Krake« ist auch der Titel einer sehr erfolgreichen Fernsehserie (in Italien, d. Red.), die sich auf die Mafia konzentriert.

Das wirbellose Tier lebt in der Tiefe des Meeres, erreicht beträchtliche Größe, ist mit acht sehr starken Armen ausgestattet, welche bis zu drei Meter lang sind, und mit zwei weiteren dünneren, die viermal so lang sind. Gerade wegen ihrer Gestalt mit den Tentakeln ist sie die Verkörperung alles dessen, was am furchterregendsten und monströsesten in der Natur ist; das geht so weit, daß sie die Höllengeister oder sogar die Hölle selbst darstellt.

Von der Umklammerung eines Polypen oder einer Krake zu träumen, bedeutet im psychoanalytischen Sinne, Angst zu haben, von einer besitzergreifenden Mutter eingewickelt zu werden, die dazu neigt, ihre Kinder an sich gebunden zu halten.

Außer den Eltern finden wir die älteren Geschwister im Test als Polyp gezeichnet. Jedoch kein jüngerer Bruder ist ein Polyp, und kein Zeichner hat für sich selbst dieses Tier gewählt. Man fühlt sich einfach nicht wie ein Polyp, sondern Polypen, das sind die anderen, die mächtiger sind als wir. Sie rufen in uns das Gefühl wach, durch ihr anmaßendes Verhalten oder ihre übermäßige Liebe genötigt zu sein.

So ist es im Fall von Marina, neun Jahre alt (Bild 82). Sie hat einen sehr strengen Vater, der für die ganze Familie eiserne Regeln vorschreibt. Er kontrolliert das Leben der Kinder und gestattet ihnen keinerlei Freiheit. Die Ehefrau (Schmetterling), von ihm gänzlich abhängig, widersetzt sich ihm nicht. Der ältere Bruder ist asthmakrank. Atemnot ist ein typisches

Bild 82 *Marina, 9 Jahre alt: Papa Mama ich*

Leiden bei Kindern, die in der Familie übermäßig unter Druck stehen. Marina zeichnet an erster Stelle den Vater als einen riesigen, blutroten Polyp-Kraken, der die Tentakeln gegen die Ehefrau »Schmetterling« ausstreckt. Der ältere Bruder ist ein anmutiger Vogel, der zu fliegen versucht. Marina möchte Widerstand leisten, sie fürchtet aber den Vater. Sie zeichnet sich als weißes Kaninchen, in Rückenansicht und an letzter Stelle, in einer Haltung der Ablehnung.

In den Zeichnungen finden wir auch Mütter »Polyp«, die weniger aggressiv und furchterregend sind als eine Krake. Es sind unsichere, ängstliche Frauen, die eine umklammernde Art zu lieben haben. Luigi, zum Beispiel, zeichnet die Mutter

Bild 83 *Ich Luigi meine Schwester Francesca, 16 Jahre, Kamel mein Vater Paolo, Schwein meine Mutter Carmela, Polyp*

als Polypen mit geschlossenen Tentakeln, die Augen niedergeschlagen, mit lächelndem Mund (Bild 83). An sich ist die Mutter gutmütig, den Kindern gegenüber ängstlich, vom Ehemann abhängig (Schwein). Er sorgt für die Familie. Luigi will wachsen, seinen Vater und seine ältere Schwester übertreffen (Kamel) und zeichnet sich an erster Stelle als stolzen Löwen.

Raupe (und Wurm)

Die Raupe erfährt in der Symbolik traditionell eine positive Wertung; sie ist das Anfangsstadium einer Wandlung zu einem höheren Ziel (Raupe, Puppe, Schmetterling). Auch der Wurm wird, auf symbolischer Ebene, als das Leben gesehen, das aus der Zersetzung durch den Tod wiedergeboren wird. In dieser Deutung erinnert er an den Ursprung vieler mythischer Figuren. Der Wurm ist in den Mythen nämlich ein Symbol für den Übergang von der Erde zum Licht, vom Tod zum Leben, vom Wurmdasein zur Erhebung ins Geistig-Seelische (zum spirituellen Aufstieg).

Im Erleben der Kinder dagegen herrscht die unmittelbare Erfahrung vor, die sie haben: Sowohl der Wurm als auch die Raupe erscheinen ihnen als winzige, weiche, schwache, unbedeutende, stumme Tiere. Manchmal werden sie verwechselt, obwohl Kinder gegenüber den Würmern mitunter Ekel empfinden.

Wenn in der traditionellen Symbolik Raupe und Wurm eine positive Bedeutung haben, so haben sie in der normalen Umgangssprache jedoch negativen und abwertenden Sinn. Es gibt viele Redensarten, welche die Kinder von Erwachsenen hören und von ihnen übernehmen: »Du feiger Wurm«, »Du bist ein Kriecher!«, »Der windet sich wie ein Wurm.«, usw. In ihren Bildern stellen diese zwei Tiere nicht selten unerwünschte Personen dar (jüngere Brüder) oder Eltern, gegen die sie starke aggressive Regungen hegen oder gegenüber denen sie negativ eingestellt sind.

In Simones Bild (84) fällt auf, wie die Familienmitglieder durch Linien in Form eines Kreuzes exakt in vier Karrees voneinander abgeteilt werden. Die Unterteilung weist auf die Kommunikations-Schwierigkeiten zwischen den einzelnen Personen hin. Aus den oberen Quadraten ragt das Paar Mutter »Schmetterling« und jüngerer Sohn »Fisch« hervor.

In den unteren Quadraten sieht man eine auffällige Vater-»Raupe« und Simone als aggressive Spinne.

Die Mutter des Kindes, eine Frau von angenehmer Erscheinung, die in ihrer Arbeit als Lehrerin sich selbst verwirklichen kann, neigt – auch in den Augen der Kinder – dazu, ihren Mann ständig herabzuwürdigen, dem, nach ihren Worten, der Kampfgeist fehlt, der in seiner beruflichen Karriere sich zu furchtsam verhält und sich auch am Familienleben zu wenig beteiligt. In Simones Bild befindet sich die »Vater-Raupe« auf einem niedrigeren Entwicklungsniveau gegenüber der großartigen Entfaltung der Mutter »Schmetterling«.

Bild 84 *Simone, 10 Jahre alt: Mama Schmetterling Gianluca, 6 Jahre, Fisch Papa, Raupe Simone, 10 Jahre, Spinne*

Bild 85 *Roberta, 9 Jahre alt: Ich Mama Papa Schwester Schwester*

Im Bild von Roberta, neun Jahre alt, erscheint das jüngste Schwesterchen als ein kleiner Wurm, der aus der Erde herauskommt und sich einem lächelnden Vater »Delphin« zuwendet. In Robertas Wahl, sich selbst als Schwalbe darzustellen, wird der Wunsch offenbar, sich aus der Eifersucht und Leiden verursachenden und ihrer Meinung nach privilegierten Beziehung zwischen Vater und Schwesterchen zu entfernen (Bild 85).

Schaf

»Uomini siate e non pecore matte« (»Seid Männer und nicht verrückte Schafe«), schimpft Dante im »Inferno« (Hölle). »Besser ist es, einen Tag als Löwe zu leben, als hundert Jahre als Schaf« wurde während des Ersten Weltkriegs an eine Staumauer des Piave geschrieben. Weitere volkstümliche Redewendungen sind »sei kein Schaf«, bzw. das Sprichwort »wer sich als Schaf gibt, den frißt der Wolf«. Kurzum, das Schaf ist gleichermaßen mit der Vorstellung von Gutherzigkeit, Gefügigkeit und Feigheit verbunden. Und gerade mit der Gutherzigkeit und dem Sich-Fügen in das menschliche Schicksal sind die Metaphern des Evangeliums bei Matthäus und Johannes zu deuten: »Ich bin der gute Hirte ... bereit, das Leben für meine Schafe zu geben«, sagt Jesus. Das Schaf ist also prädestiniert, Opfer der Starken und Gewalttätigen zu sein.

Daß die Kinder es gemerkt haben, ist an ihrer Bewertung zu erkennen: 51,9 % bezeichnen es als »ungeschützt«, 26,8 % als »scheu« und nur 11 % als »nützlich«, obwohl die nützlichen Produkte, die von ihm stammen, wie Milch, Wolle, Fleisch bekannt sind. Viele Mütter und viele Mädchen erscheinen in den Bildern des Tests als Schafe, jedoch kein älteres Geschwister. Aber sie haben es an keiner Stelle verächtlich oder als Spott auf dieses Tier gemünzt. Es verkörpert eine friedliche Daseinsform, die Auseinandersetzungen abgeneigt ist, letztlich eine Lebensform, die eher die eigene Schwäche und Fügsamkeit gegenüber starken und dominanten Personen unterstreicht.

Die Schafe in den Bildern sind immer sanft (süß), lächelnd, weiß. Die Mutter »Schaf« von Enrico, zehn Jahre alt, ist eine gütige, ruhige Frau. In Bild 86 steht neben ihr ein Ehemann »Orang-Utan«, eher männlich als aggressiv. Enrico ist sowohl auf die enge Beziehung zwischen Vater und Mutter als auch auf das hübsche achtjährige Schwe-

Bild 86 *Enrico, 10 Jahre alt: Papa Affe Orang-Utan Mama Schwester 8 Jahre ich Wolf*

sterchen eifersüchtig. Er malt sich mit dem Rücken zur Familie, als Wolf, der seine Zähne fletscht und sich weigert, das idyllische Familienbild anzuschauen, aus dem er sich ausgeschlossen fühlt (aber in Wirklichkeit ist er derjenige, der sich weigert, es zu akzeptieren). Er, der Wolf, ist es eigentlich, der die Mutter »Schaf« auffressen möchte, nicht der Vater!

Schildkröte

Die Schildkröte ist das Symbol der Langsamkeit. Daran konnte auch der griechische Philosoph Zenon nichts ändern, der mit einem komplizierten Gedankengang über die Bewegung und das Unendliche beweisen wollte, daß der schnelle Achilles die Schildkröte im Wettlauf nicht würde einholen können. In den Mythen und in den Sagen vieler Völker wird dieses Tier mit dem Ursprung des Universums verbunden. Man sagte sogar, die runde Form des Panzers erinnere an das Himmelsgewölbe. Wegen ihrer Fähigkeit, sich in den Panzer zurückzuziehen, ist die Schildkröte in China auch Symbol der Konzentration, des Sich-Absonderns von der Welt der Sinne und folglich ein Symbol der Weisheit. Die Griechen brachten die Schildkröte mit Hermes, dem Boten der Götter, in Verbindung, der aus ihrem Panzer eine Zither baute.

Da man sich Schildkröten zu Hause halten kann, sind sie den Kindern grundsätzlich bekannt. Die Kinder schauen interessiert zu, wie langsam und mühsam sie sich bewegen, wie spröde sie reagieren, wenn man sie anfaßt, und wie stark ihr Panzer ist. Die Schildkröte nimmt gewiß keine Beziehung auf zu den Kindern, noch zeigt sie in irgendeiner Form Anhänglichkeit für ihre Gastfamilie.

40,7 % der Kinder haben für die Schildkröte das Adjektiv »langsam« gewählt, 32,8 % »ruhig«. Väter, Mütter, Geschwister, Großeltern werden im Test als Schildkröte gemalt. Kein Bub hat sich selbst als Schildkröte gemalt, anders die Mädchen. Vielleicht werden wir aber bald einen Trendwechsel erleben, denn seit einiger Zeit sind Filme und Comic-Hefte auf dem Markt, wo vier bizarre Figuren, Ninja-Schildkröten (»Turtles«), ihr Unwesen treiben, die sich außerordentlich gut auf die Kunst des kriegerischen Kampfes verstehen und mit außergewöhnlichen Mitteln die Kriminalität in New York bekämpfen.

Wie sind nun die »Schildkröten«-Persönlichkeiten? Natür-

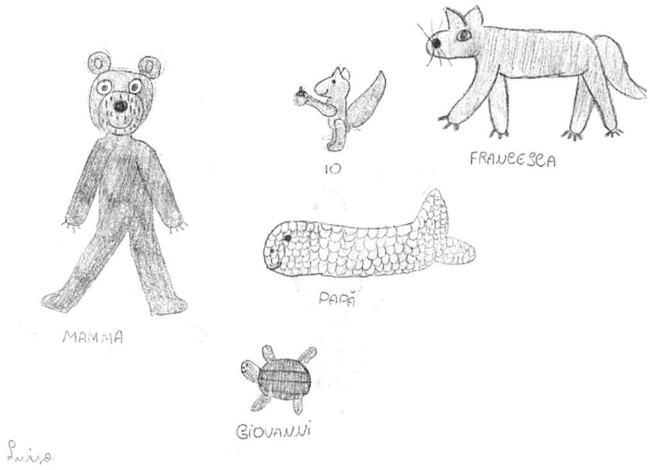

Bild 87 *Luisa, 10 Jahre alt: Mama ich Francesca Papa Giovanni*

lich phlegmatisch, vorsichtig, ausdauernd, ruhig. Viele jüngere Geschwister wurden als Schildkröte dargestellt, wie auf dem Bild 87 der zehnjährigen Luisa. Luisa ist ein ruhiges Mädchen, das zweite von drei Kindern. Die Mutter ist als niedliches Bärchen abgebildet, dem sich ein Vater »Fisch« nähert, dessen Körper, wenn man es so sehen will, eine durchaus phallische Form hat. Oben sehen wir die ältere Schwester »Fuchs« mit pfiffigem Blick und vielen Krallen an den Pfoten, die versucht, sie zu bedrohen. Um sicherzugehen und ihr zu entfliehen, malt sich Luisa als anmutiges Eichhörnchen mit Eicheln in der Hand. Unten im Bild, zwischen Vater und Mutter, erscheint das zweijährige Brüderchen, eine kleine Schildkröte, die das Köpfchen zur Mutter wendet. Ein klarer

Fall: Zwischen einem flinken und schnellen Eichhörnchen und einer langsamen Schildkröte ist sie es, Luisa, die gewinnt (oder gewinnen möchte).

Schlange

Die einen finden sie faszinierend, die anderen abstoßend. Die einen assoziieren spontan die Eigenschaft »kalt«, andere »kurvenreich«, wieder andere »schlüpfrig«. Ihr Opfer kann sie umschlingen oder kriechend verfolgen, sie kann sich lautlos anschleichen, blitzschnell zubeißen oder genauso schnell entfliehen. Ihre symbolischen Bedeutungen sind sehr zahlreich und stehen nur scheinbar in Kontrast zueinander. Die Chaldäer hatten ein einziges Wort, um sowohl die Schlange als auch das Leben zu bezeichnen. Für die Araber war die Schlange ein Attribut der schöpferischen Gottheit. Sie ist das Symbol der Erneuerung, weil sie sich häutet. Im alten Griechenland wurde sie mit Bildern von Heilung, Tod, Wiedergeburt in Zusammenhang gebracht. Die Pythonschlange war in der griechischen Sage die Vorgängerin Apollos als Orakel.

Sie gilt auch – nicht erst seit Sigmund Freud – als Phallus-Symbol. Als solches wird sie zum Sinnbild der sexuellen und generativen Kräfte. Für das christliche Abendland ist sie die Verkörperung der Erbsünde. Man identifiziert sie mit dem großen Verführer, dem also, der mit List in Versuchung führt, sie ist das Symbol des Hochmuts, der Unzucht, der Gegner des Guten. Die Schlange verleitet Eva mit List dazu, nicht zu gehorchen. Sie redet ihr ein, Adam dazu zu bewegen, die verbotene Frucht zu essen. Für Freud symbolisiert die Schlange ganz eindeutig das männliche Geschlecht.

»Eine gemeine Schlange sein«, »eine Schlange am Busen nähren«, »Schlangengrube« sind einige gängige Redewendungen unserer Sprache, die diesem Tier immer eine negative Bedeutung verleihen. In den Märchen ist die Schlange der Mitstreiter par excellence des Helden. Kinder fühlen sich von ihren unheilvollen Fähigkeiten und von ihren verborgenen, untergründigen und unvorhersehbaren Aktionen angezogen. Sie überfällt ihr Opfer leise, ohne ihm Gelegenheit zu geben, es vorauszusehen und sich zu verteidigen. Auf dem Lande in Italien gehört es zu den Lieblingsspielen der Buben, auf Schlangenjagd zu gehen und sie zu töten, indem sie die Schlangen gegen Steine werfen: eine Kraft- und Mutprobe, eine Herausforderung. Mit der gleichen Lust kaufen sich Kinder grüne Schlangen aus geschmeidigem Kunststoff und spielen damit herum. Sie haben ihren großen Spaß daran, Mütter, Schwestern und Schulkameradinnen damit zu erschrecken.

In den Bildern des Tests steht dieses Reptil, das in allen möglichen Arten oft gewählt wurde, meistens für männliche Personen. Die Vipern dagegen wurden für weibliche Personen bevorzugt. Was die dargestellten männlichen Figuren

Bild 88 *Gianni, 9 Jahre alt: Ich Affe, 9 Jahre Kuh Mama, 43 Jahre Papa Katze, 48 Jahre Schwester Viper 24 Jahre*

betrifft, so ist, außer dem Hinweis auf die Gefährlichkeit dieses Tieres, der Verweis auf die männliche Potenz des Phallus (Enrico, Bild 26) nicht ungewöhnlich. Bei den weiblichen Figuren überwiegt das Sinnbild der unheilbringenden Verführung.

Die Schlange ist das am häufigsten gewählte Tier für die Darstellung älterer Geschwister, die aufgrund ihrer Eifersuchtskonflikte gegenüber den Jüngeren dazu neigen, diese zu unterdrücken und ihnen ihren Willen aufzuzwingen. Das ist bei Gianni, neun Jahre alt, der Fall (Bild 88). Er schildert sein kleines, aber großes Drama eines Kindes, das mit zwölf Jahren Abstand zu seiner Schwester geboren wurde, die jetzt 21 Jahre alt ist. Die Mutter ist eine »leere Kuh«, ohne Euter/Busen, eine nicht mehr junge Mutter, die nur selten dazu bereit ist, für ihn da zu sein. Der Vater ist eine liebevolle, aber wenig beschützende Katze. Von Giannis Geburt an wurde die ältere Schwester genötigt, ihm Muttersatz zu sein, aber sie liebt diese Rolle nicht. Gianni fühlt sich von ihr (Viper) bedroht, und von den beiden berufstätigen Eltern, die ständig abwesend sind, bekommt er kaum Unterstützung. Er malt sich als schwarzen (Farbe der Angst und der Furcht) Affen, vielleicht weil er so, mit einem Sprung auf den Baum, seiner Schwester »Viper« entkommen kann, die durch das Gras kriecht.

Auch Fabrizio, sieben Jahre alt, fühlt sich von einem älteren Bruder »Schlange« bedroht, dessen Aggressivität und dessen wachsende Männlichkeit ihn verängstigen. In seiner Familie wird kaum kommuniziert (wir erkennen es an den Linien, die die vier Familienmitglieder in Form eines Kreuzes voneinander trennen); die Mutter ist als Schmetterling im Himmel, der Vater als stummer Fisch im Wasser und der Bruder auf der Erde als Schlange mit gespaltener Zunge (ein Bild für Personen, die mit Worten attackieren) dargestellt. Fabrizio fühlt sich machtlos, wünscht sich eine heitere Atmosphäre (das Blau in seinem Bildfeld), kann sich weder mit seinem Vater noch mit dem Bruder identifizieren, verschließt

Bild 89 *Fabrizio, 7 Jahre alt: Mama Papa Ich Fabrizio Pier Paolo*

sich und identifiziert sich mit einem weiblichen Bild: eine friedliche Gans auf dem Wasser, unter dem Blickfeld der Mutter (Bild 89).

Manchmal aber kann das Unbehagen sich äußerlich ausdrücken: Francesco, acht Jahre alt, malt sich als riesige Schlange, die einen Vater »Fuchs« (Bild 90) zu überwältigen versucht. Das Kind durchlebt einen Kampf mit dem Vater: Die Mutter erwartet »durch seine Schuld« ein Kind, das seinen Platz einnehmen wird. Francesco trennt die Mutter von seinem Vater, indem er sie als Fisch, der mit einem weiteren Fischlein schwimmt, in eine Glaskugel sperrt. Das Brüderchen, das noch nicht einmal geboren ist, ist bereits jetzt in

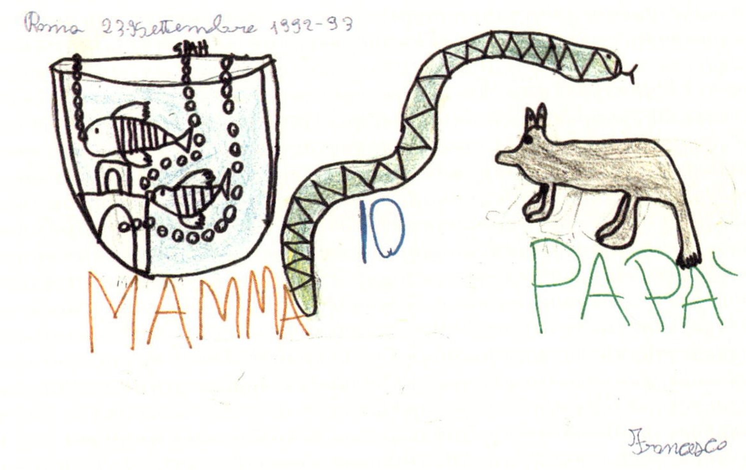

Bild 90 *Francesco, 8 Jahre alt: Mama Ich Papa*

seinen Eifersuchts- und Verlassenheits-Vorstellungen anwesend.

Schmetterling

Wegen seines Aussehens als leichtes, zartes, buntes Wesen, schön wie eine geflügelte Blume und wegen seiner Nahrung, dem Nektar, ist der Schmetterling eng mit den blühenden Pflanzen verbunden. In Japan steht seine Anmut symbolisch für die Frau. Nach einer chinesischen Sage erfand die Kaiserin Si-Ling um 2640 v. Chr. die Seide: Vielleicht hatte sie das Ausschlüpfen aus dem Kokon und den ersten Flug des Schmetterlings beobachtet. Sie züchtete die Raupen und zog aus dem Kokon den Seidenfaden. So wurde die Zucht der Seidenraupe zu einem weiblichen Privileg, besonders der Prinzessinnen.

Das Wort Psyche bedeutet in der griechischen Sprache Atem, Hauch, Seele und auch Schmetterling. Er ist ein Symbol des Lebens, der Wandlung, der Wiedergeburt. Für die Azteken wie auch für die Griechen und die Römer wandelte sich der Lebenshauch des sterbenden Menschen in einen Schmetterling. Dieses Tier wurde am häufigsten für die Darstellung der Mutter gewählt. Auch viele Mädchen stellen sich als Schmetterling dar und zeigen auf diese Weise eine starke Identifikation mit der Mutter. Außerdem steht der Schmetterling an zweiter Stelle der zur Darstellung der jüngeren Geschwister gewählten Tiere. Die Eigenschaftswörter, die gewählt wurden, um ihn zu beschreiben, sind: »schön« (57,6 %), »frei« (24,1 %), »eitel« (10,8 %) und »ängstlich« (7,5 %).

Die Eigenschaften des Schmetterlings entsprechen also dem Idealtyp der Mütter unserer Tage: schöne Frauen, gepflegt, begehrt, frei, launisch-wechselhaft, von den Kindern geliebt und bewundert, vielleicht ein wenig zu flatterhaft als Mutter-Symbol.

Die Mama »Schmetterling« ist im Test oft bezogen auf eine aggressivere und bedrohlichere Vater-Figur, wie in Bild 91 von Ariana. Wir sehen hier die Mutter als übergroßen und phantastischen Schmetterling dargestellt, dem von einem

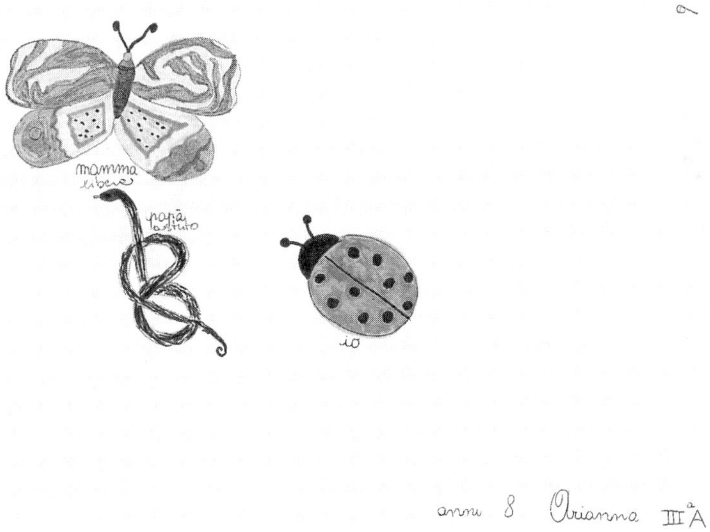

Bild 91 *Ariana, 8 Jahre alt: Mama Papa ich*

Vater »Schlange« nachgestellt wird, der schwarz und bedrohlich gezeichnet ist. Aber die Aggressivität des Vaters kann hier auch im sexuellen Sinne verstanden werden. Ariana ist acht Jahre alt und auf ihre Mutter sehr eifersüchtig. Sie möchte so schön und begehrenswert sein wie sie, um von ihrem Vater geliebt zu werden. Sie malt sich neben ihm als riesigen rot-schwarzen Marienkäfer.

Viele Mädchen im Test treten als Schmetterling auf, mit bunten, reichlich verzierten Flügeln: Sie drücken so den Wunsch aus, begabter zu sein und mehr anerkannt zu werden – wie Valeria, die sich als riesiger Schmetterling zwischen Vater und Mutter stellt (Bild 92). Das erinnert an Kinder, die nachts in das »große Bett« der Eltern schlüpfen, um sie zu kontrollieren und zu trennen.

Die Schmetterlinge haben genauso wie die Vögel Flügel und können wegfliegen: Das ist der unbewußte Wunsch vieler Kinder, die ihre kleinen Geschwister in dieser Form malen. Daniele, neun Jahre alt, stellt zentral und sehr groß sein vierjähriges Schwesterchen als Schmetterling dar. Die Größe zeigt die Bedeutung, die die Zuletztgeborene innerhalb der Familie gewonnen hat. Das Mädchen ist der Mutter »Marienkäfer« gleichgestellt, mit der es die Farbe und die Punktierung gemeinsam hat (Bild 93). Daniele befindet sich neben seiner Mutter, aber er ist sehr böse auf sie und wählt für sich ein aggressives Tier.

Bild 92 *Valeria: Papa Ich Mama*

Bild 93 *Daniele, 9 Jahre alt: meine Schwester, Schmetterling Papa, Pferd Mama, Marienkäfer ich, Gepard*

Schnecke

Die Schnecke gehört zu den Tieren, mit denen das Kind direkte Erfahrungen macht, und das wegen bestimmter Eigenschaften sein Interesse weckt.

Die Schnecke hat einen ganz nackten und von einer Schleimschicht umhüllten Körper. Aber es gelingt ihr, diese Schwäche dank eines spiralförmigen Muschelhauses auszugleichen, das sie in kritischen Situationen mit einer steifen Membran vollständig verschließen kann.

Die Kinder nehmen sie in die Hand, lernen so, auf spielerische Weise, ihre Eigenschaften kennen. Sie sind von ihrer Langsamkeit, von ihren einziehbaren »Hörnern«, von der silbern glänzenden Schleimspur, die sie hinterläßt, fasziniert. (Von Erwachsenen wissen sie aber auch, daß Schnekken ein Leckerbissen für Feinschmecker sind.) Die Schnecke ist allgemein bekannt als Mond-Symbol und als Symbol der periodischen Erneuerung. Für die Kinder hat sie ganz unterschiedliche Bedeutungen. Vor allem ist sie für sie gleichbedeutend mit Langsamkeit. »Du bist langsam wie eine Schnecke«, »Du gehst im Schneckentempo«, das sind Sprüche, die die Erwachsenen unzählige Male von sich geben. Folglich haben 83 % der Kinder für sie das Eigenschaftswort »langsam« gewählt. Von den sprichwörtlichen Redensarten ist ihnen auch bekannt, daß man in gefährlichen Situationen (Bild 94) »sich in sein eigenes Schneckenhaus zurückziehen« kann. Im »Zoo-Familie«-Test erscheint die Schnecke mit einer gewissen Häufigkeit, um ganz allgemein entweder jüngere Geschwister, weniger wichtige Personen oder ältere Leute (Großeltern, Bild 5) zu bezeichnen. Eine »Schnecken«-Persönlichkeit ist sicherlich weniger aktiv, kann gesellig sein, ängstlich, eher bereit sein, sich in sich zu verschließen, als anzugreifen.

Indem Allessandro, zehn Jahre alt (Bild 94), sich als Schnecke darstellt, offenbart er sein geringes Selbstwertge-

Bild 94 *Alessandro, 10 Jahre alt: 1 Papa Elefant, 42 2 Mama Pinguin, 36 3 Bruder Giraffe, 16 4 ich Schnecke, 10*

fühl, das mit schwachen Leistungen in der Schule verbunden ist, und er weist auf sein Problem hin, mit seinem brillanten älteren Bruder (Giraffe) und mit dem gebieterischen und imponierenden Gehabe des Vaters (Elefant) Schritt zu halten.

Schwan

In Mythen und Poemen wird der Schwan als ein Symbol der Anmut gefeiert, als leuchtendes, majestätisches und elegantes Wesen. Er verkörpert das Weibliche, und bei manchen Völkern glaubt man sogar, daß der Schwan Menstruationszyklen habe, genau wie eine Frau. Im alten Rom war er Apoll geweiht, dem Gott der Musik: Man glaubte, daß er, bevor er stirbt, süß zu singen beginne.

Die Kinder kennen und bewundern ihn, schon die Kleinsten gehen gerne zum Schwänefüttern in den Park. Sie kennen den Schwan natürlich auch aus berühmten Märchen, wie »Das häßliche Entlein«, »Die wilden Schwäne« von Anderson oder »Die sechs Schwäne« der Gebrüder Grimm. Die Kinder haben zu 54% Adjektive gewählt, die die Qualität Eleganz unterstreichen. Die aristokratische Haltung dieses Vogels ruft aber auch bei ihnen die Vorstellung eines hochmütigen Wesens wach, so sehr, daß das Adjektiv »eitel« in 31% der Fälle gewählt wurde.

Im Test wird der Schwan häufig für die Darstellung der Mutter verwendet (Platz vier in der Rangliste), niemals aber zur Darstellung des Vaters. Mutter »Schwan« ist eine liebe, schöne, gesittete Frau. Die Gewässer, in denen sie schwimmt, lassen im Kind das Bild der Mutterschaft aufsteigen. Nicht selten erscheint die Mutter eingeschlossen in einen Kreis, wie im Bild 95 von Paola. Die graphische Abgrenzung kann zweierlei bedeuten: Einmal kann sie ein Hinweis darauf sein, daß die Mutter im Kontakt innerhalb der Familienbeziehungen auf eine Art unbeteiligt wirkt, bzw. sich distanziert, zum anderen kann es auch der Ausdruck des Wunsches sein, die Mutter auszuschließen.

Auf ihrem Testblatt malt Paola ihr vierjähriges Brüderchen an erster Stelle, wegen der Bedeutung, die ihrer Meinung nach das Brüderchen in der Familie zu haben scheint. Sie will aber auch Bedeutung haben und Liebesraum besetzen: Sie

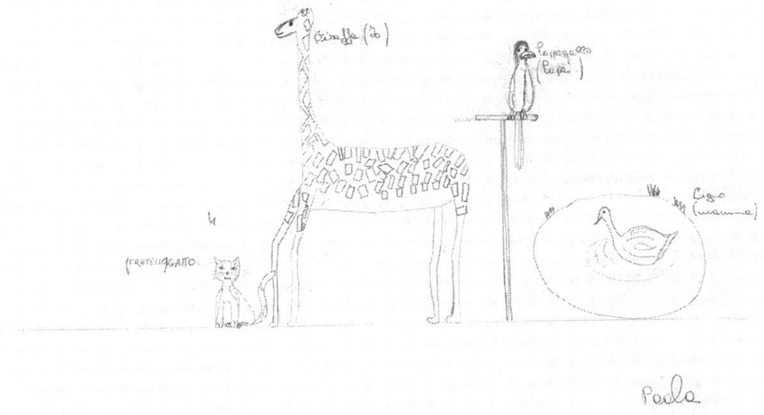

Bild 95 *Paola, 11 Jahre alt: (Bruder) Katze Giraffe (Ich) Papagei (Papa) Schwan (Mama)*

malt sich als imposante Giraffe, die alle, dank ihres sehr langen Halses, an Größe überragt. Neben sich stellt sie einen Vater »Papagei«. Sie versucht ihm Bedeutung zu verleihen, indem sie ihn auf einen hohen Ständer setzt. Es wird deutlich, daß Paola in der Wahl des Tieres, das den Vater darstellt, eine gewisse Enttäuschung über ihn zum Ausdruck bringt. Letzterer ist tatsächlich stolz darauf, nach vielen Jahren einen männlichen »Nachfolger« bekommen zu haben. Die Ehefrau »Schwan« ist in der unteren rechten Bildhälfte in einem Wasserspiegel eingeschlossen. Paola, die elf Jahre alt ist, liebt und bewundert sie, aber sie rivalisiert bereits mit ihr. Indem Paola sie auf den letzten Platz verweist und sie in einem gemalten Kreis einschließt, scheint sie sich tatsächlich in ihrem Gefühlsleben von ihr trennen zu wollen.

In fast allen Fällen ist das Mädchen, das sich selbst als Schwan darstellt, friedlich, es wünscht sich mehr Beachtung und emotionale Wärme.

Schwein

Zur Zeit der Römer war das Schwein ein Opfertier. Fast überall auf der Welt wird und wurde es als gefräßiges, unzüchtiges, schmutziges, unreines Tier gesehen: Nach Herodot muß jemand, der es im Vorbeigehen nur kurz berührt, mitsamt seinen Kleidern zur Reinigung in den Fluß eintauchen. Bei den Juden und den Muslimen ist das Verzehren von Schweinefleisch aus religiösen Gründen immer noch verboten. Und in einer Schweineherde enden auf Befehl Jesu die Teufel, die in einen Besessenen gefahren sind. In der Odyssee verwandelt die Zauberin Circe die Männer in Schweine.

Für die Kinder ist es heutzutage schwierig, ein solches Tier lebend zu sehen zu bekommen. Dagegen kennen sie vielleicht das Liedchen der Protagonisten des Zeichentrickfilms von Walt Disney: »Wir sind drei kleine Schweinchen, sind drei kleine Brüder...« Und vielleicht verfolgen sie regelmäßig deren Geschichten, wo sie im ewigen Kampf mit dem Wolf Lupo in »Mickey Mouse« verstrickt sind.

In seinem Test für Kinder, dem P. N., verwendet Corman ein kleines Schweinchen mit einem schwarzen Pfötchen (Piedino Nero, Pied Noir, daher der Name des Tests). Seine Abenteuer sind auf 16 Tafeln abgebildet. Das Kind soll mit diesen Tafeln Geschichten zusammenstellen. Wenn es sich mit dem Helden Schweinchen identifiziert, zeigt das Kind seine Konflikte und seine Ängste. Das Schwein wird also vom Kind nicht so negativ bewertet wie vom Erwachsenen.

Wahr ist allerdings, daß sie es im Test »schmutzig« nennen, vielleicht, weil ihre Mama ihnen manchmal sagte: »Wasch dich, du siehst aus wie ein Ferkelchen.«

Wir haben keine weibliche Figur als Schwein dargestellt gefunden. Meistens wird es für Väter oder ältere Brüder gewählt. Sie sind immer in witziger Form dargestellt, wie in Zeichentrickfilmen.

Silvia, neun Jahre alt, hat einen Zwillingsbruder, mit dem

Bild 96 *Silvia, 9 Jahre alt: Ich Mama Brüderchen Papa Bruder*

sie eine starke Liebes- und Konkurrenzbeziehung hat. Ihre Mutter ist ein zartes Schäfchen, ihr zwölfjähriger Bruder »Hähnchen« macht sein Ältersein geltend. Der Vater, ein ruhiger, gütiger, korpulenter Mann, der in der Familie sehr präsent ist, wird als lächelndes, rosarotes Schweinchen dargestellt. Silvia, die noch verhätschelt werden möchte, stellt den Zwillingsbruder als großen Fisch dar (sie schätzt ihn fähiger ein als sich selbst) und sich selbst als eine kleine Bärin aus Plüsch (Bild 96).

Manchmal, wenn ein Bruder als »Schwein« gemalt wurde, wird auch mit einer Prise Ironie oder scherzhaft auf seinen »robusten« Körperbau oder auf seine Gier beim Essen angespielt.

Seehund

Einen Seehund ohne einen bunten Ball gibt es nicht (im Test). Der Ball, das ist das spielerische Element und für die Kinder untrennbar mit diesem gelehrigen Tier verbunden. Sie gaben ihn auch tatsächlich so wieder, wie sie es aus den Zirkusvorstellungen und dem Fernsehen kennen. 70 % bezeichnen ihn als »lustig« (amüsant).

Im Test wird der Seehund häufig, wegen seiner engen Beziehung zum Spiel, für die Darstellung der jüngeren Geschwister oder für die Selbstdarstellung gewählt. Die »Seehund«-Persönlichkeit ist bestrebt, sympathisch zu wirken durch ihre Fähigkeit, die Aufmerksamkeit auf sich zu ziehen und die Achtung anderer Leute zu gewinnen. Eleonora zum Beispiel malt an erster Stelle eine Schwester »Seehund«. Diese hat einen geselligen Charakter, ein lustiges Mädchen, das keine Scheu hat, sich vor den Verwandten als Klavierspielerin zu produzieren. Eleonora, im Bild unten, als Fisch, aus dessen Mund nur Bläschen herauskommen, schaut ihr melancholisch zu (Bild 97).

Ein Papa oder eine Mama »Seehund« sind gewöhnlich junge, gesellige und verfügbare Eltern, wenn auch nicht besonders beschützend: In Wirklichkeit sind sie damit beschäftigt, den Ball anzuschauen, den sie auf ihrer Nase balancieren, und vernachlässigen manchmal die wirklichen Bedürfnisse des Kindes.

Die Tiere, die in den von Kindern geschriebenen Geschichten die Hauptrolle spielen, stellen gewöhnlich die Kinder selbst mit ihren Problemen und ihren Bedürfnissen dar. Das steht allerdings manchmal im Kontrast zu der Vorstellung, die wir von diesem Tier haben. Diana, neun Jahre alt, hat eine Geschichte über einen Seehund geschrieben, der Angst vor Wasser hatte:

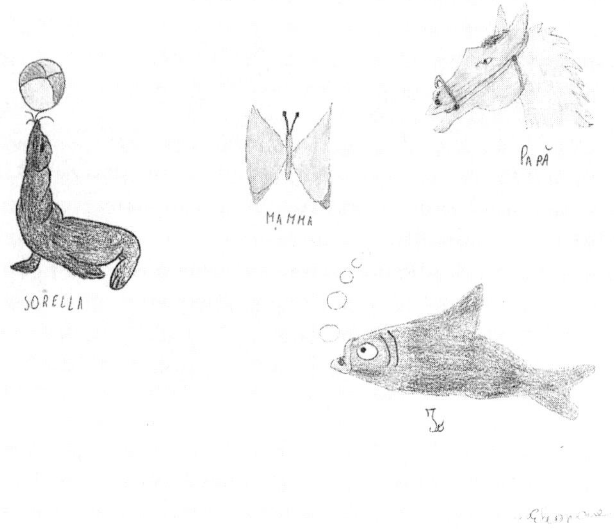

Bild 97 *Eleonora: Mama Papa Schwester ich*

In einem sehr weit entfernten Land lebte ein Seehund, der aber anders war als die anderen, weil er vor Wasser Angst hatte. Der Seehund lebte in einem Wald und fraß Gras. Eines Tages kam da ein Jäger vorbei, und der Seehund versteckte sich hinter einem Gebüsch, als er seine Schritte hörte. So sah der Jäger ihn nicht. Am nächsten Tag, als der Seehund gerade dabei war, Gras zu fressen, kam ein anderer Jäger vorbei, der ihn sah und staunte, da er noch nie einen Seehund im Wald gesehen hatte. Der Jäger nahm ihn mit und brachte ihn in einen Tiergarten. Der Seehund wollte nicht ins Wasser gehen, weil er Angst hatte. Da steckte der Besitzer ihn ins Wasser, und er gewöhnte sich daran.

Die Geschichte, so glaube ich, deutet auf einen Fall von Mißhandlung oder Gewalttätigkeit durch die Erwachsenen hin. Selbst wenn das Kind die Geschichte nicht in dieser Absicht geschrieben hat, so zeigt sie doch den geringen Respekt, den Erwachsene manchmal vor der Seinsweise, der Fähigkeit und der Persönlichkeit eines Kindes haben.

Spinne

Eines Tages kam eine Fliege am Haus einer Spinne vorbei, sah, wie dünn es war, und fragte sie: »Hör mal, Michelino, ich sehe, daß dein Haus sehr dünn ist, bricht es nicht zusammen, wenn du darauf läufst?«

Die Spinne antwortete: »Nein, im Gegenteil. Warum kommst du nicht her und gehst mit mir darauf spazieren? Du wirst sehen, wie gemütlich es ist.«

Die Fliege sprang mit einem Satz darauf, aber als sie wieder wegfliegen wollte, merkte sie, daß sie sich nicht vom Fleck rühren konnte. Da nahm die Spinne eine Serviette und eine Gabel und fing an, sie zu fressen.

Diese kurze Geschichte von Franca, acht Jahre alt, erzählt von der Verlogenheit, Gerissenheit, Bosheit dieses kleinen Raubtieres.

Als exzellente Weber breiten die Spinnen geduldig und in aller Stille Fallen aus für ihre Feinde. In der griechischen Mythologie wurde Arachne, ein anmutiges Mädchen, in eine Spinne verwandelt, weil sie es gewagt hatte, Athene zu einem Wettkampf im Weben herauszufordern. Im Koran haben alle die, die Gott nicht folgen, die Spinne als Symbol, weil das Haus der Spinne (das Schicksal der Menschen, die ohne Gott leben, d. Red.) zerbrechlich ist. Die Fähigkeit der Spinne, ihre Beute auf hinterlistige und schlaue Art zu töten, regt natürlich die Phantasie an. In zahllosen Abenteuerfilmen und Krimis sieht man skrupellose Menschen, die ihre Opfer mit giftigen Spinnen oder Skorpionen zu töten versuchen. Der Name einer Spinne, die Schwarze Witwe, ist auch der Titel eines bekannten Krimis. In Horrorfilmen kommen immer düstere Häuser voller Spinnweben vor. Der »Spinnen-Mensch« ist eine berühmte Zeichentrickfigur, er hat aber eine positive Valenz.

Die Spinne, die von den Kindern als »ekelhaft« und »grausam« bezeichnet wird, kann im Test einen Vater darstellen, dem gegenüber das Kind feindselige Gefühle hegt, wie im Fall von Adriano, neun Jahre alt (Bild 98).

Seine Spinne ist riesig groß und hat sehr lange Beine mit Schuhen und bedroht eine Mutter »Schmetterling«. Adriano fürchtet nicht so sehr die Aggressivität des Vaters wie vielmehr dessen enge Beziehung zu der Ehefrau. Durch diese Beziehung fürchtet er, von der Mutterliebe ausgeschlossen zu werden. Er möchte der »König des Hauses« sein, deshalb zeichnet er sich als knurrenden Löwen (um seine Wut deutlich zu machen). Er versucht auch, seinen älteren Bruder zu

Bild 98 *Adriano, 9 Jahre alt: Mama Schmetterling Papa Spinne Adriano Löwe Daniele 15 J. Hahn*

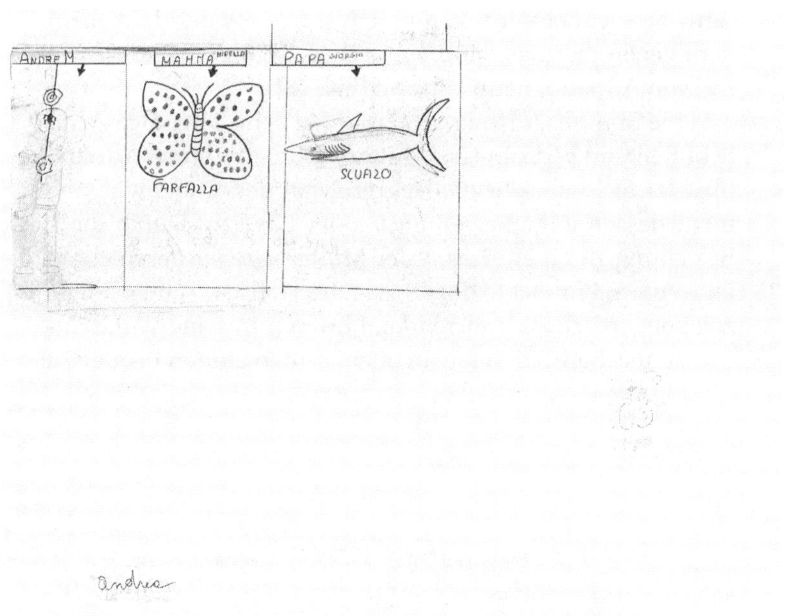

Bild 99 *Andrea, 11 Jahre alt: Andrea Mama Mirella Schmetterling Papa Giorgio Hai*

entwerten, indem er ihn kleiner zeichnet, als harmloses Huhn.

Kinder wissen aber auch, daß Spinnen schwach sind, daß sie leicht zerdrückt und getötet werden können. Zum Beispiel werden jüngere Geschwister manchmal als Spinnen gemalt: Wenn sie klein sind, können sie einen zwar wütend machen, in Wirklichkeit sind sie aber harmlos (Federica, Bild 44).

Das drastischste Beispiel stammt von Andrea, elf Jahre alt: Er malt sich als winzig kleine Spinne, an einem Faden hängend (Bild 99). Andrea ist ein schüchterner, gehemmter Bub und stottert seit seinem achten Lebensjahr. Sein Vater, Arbeiter und ein sportbegeisterter Mensch, hatte sich einen anders geratenen, selbstbewußteren Sohn gewünscht, der sich in sportlichen Aktivitäten messen würde. Andrea begeistert sich aber für Computer und verbringt viele Stunden am Tag mit Videospielen und isoliert sich von seinen Freunden. Die Mutter schützt ihn vor väterlichen Angriffen. Der Vater seinerseits schimpft die Frau wegen ihrer Nachgiebigkeit gegenüber ihrem Sohn. Andrea lebt also in einer prekären Situation, einerseits sind da seine persönlichen Sprachschwierigkeiten, andererseits die gespannte Atmosphäre innerhalb der Familie. Also malt er einen riesigen Vater »Hai«, der bedrohlich auf eine Mutter »Schmetterling« und eine kleine »Spinne« gerichtet ist. Um seine Angst in Grenzen zu halten, schließt Andrea jede Figur in ein Feld ein, jenes aber, das den Vater »Hai« enthält, ist durch einen Abstand von den beiden anderen etwas entfernt.

Stier

Auf der Insel Kreta (um 1500 v. Chr.) war das Bild des Stiers das Symbol für Fruchtbarkeit und also eines der bedeutungsreichsten unter den Symbolen, die auf die Erhaltung und Fortpflanzung der Spezies verweisen. Im übrigen wurde der Stier damals bei der Feldarbeit benutzt, genauso wie es im alten Rom war. Das sagt auch Cicero, und er fügt noch hinzu, daß die Schlachtung verboten war und daß Gesetzesbrecher mit dem Tode bestraft wurden. Die Römer setzten dann den Stier bei ihren Spielen im Zirkus ein. Der Stierkampf war ein beliebtes Schauspiel. Im frühen Mittelalter ließen auch die Westgoten Stiere in öffentlichen Kämpfen antreten. Der Stierkampf faßte Anfang des 16. Jahrhunderts auf der iberischen Halbinsel Fuß und entwickelte sich dort zu der Form, die bis heute in Spanien und in anderen spanisch sprechenden Ländern gepflegt wird.

Im Test kommt der Stier nicht oft vor: nur 3,3 % der Buben nehmen ihn her, um den Vater, 1,5 %, um sich selbst zu charakterisieren. Die Adjektive, mit denen die Kinder ihn beschreiben, sind »gefährlich« (40,1 %), »wild« (31,1 %), »gewalttätig« (28 %). In der Umgangssprache pflegt man zu sagen, »den Stier bei den Hörnern packen«, man sagt aber auch, »die Kraft eines Stieres haben«, »wie ein Stier« von einer Person, die einen stämmigen Körperbau und eine außergewöhnliche Kraft besitzt.

Während der Stier bei spanischen und zum Teil auch bei italienischen Landkindern (die u. U. noch das Decken durch einen Stier erleben) vielleicht noch eine größere Rolle im Phantasie- und Gefühlsleben spielt, ist er für Stadtkinder ein fast völlig unbekanntes Tier, bzw. wird gar nicht zur Kenntnis genommen.

In den sehr wenigen Bildern, in denen er vorkommt, stellt er eine cholerische, in ihren Wutausbrüchen unberechenbare Person, meistens den Vater, dar. So sieht Luca, neun Jahre

Bild 100 *Luca, 9 Jahre alt: mein Bruder, Affe ich, Affe Papa, Stier Mama, Giraffe*

alt (Bild 100), seinen Vater. Als Lkw-Fahrer geht er seiner zermürbenden Arbeit nach und fährt täglich Hunderte von Kilometern. Am Wochenende kommt er müde und entnervt nach Hause. Er möchte sich nur noch ausruhen, flucht bei dem geringsten Anlaß und möchte einzig und allein, daß die Kinder spuren und ihm keinen Verdruß bereiten. Die Mutter »Giraffe« ist eine gütige, liebevolle Frau, die ihrem Mann entgegenzukommen versucht. Sobald der Vater aber nach Hause kommt, bleibt den Kindern nichts anderes übrig, als zu »Affen« zu werden, um sich geschickt, schlau und... durch Flucht vor ihm in Sicherheit zu bringen. In einigen Fällen kann die rasende Wut des Stieres eine Projektion der Wut sein, die das malende Kind gegenüber der dargestellten Person empfindet.

Storch

Die Zeit der Störche ist vorbei, d.h. die Zeit, wo man den Kindern noch erzählt hat, daß der Storch die Kinder bringt. Gewiß, die sexuelle Erziehung hat riesige Fortschritte gemacht. Auf mehr als tausend Bildern gab es nur einen einzigen Storch, eine Mutter »Storch« natürlich. Obwohl der Storch ein uraltes, überliefertes Symbol ist: für die Römer war der Storch ein der Juno geweihter Vogel und ein Symbol der kindlichen Liebe. Denn man glaubte, er ernähre seine kranken Eltern. Im alten Ägypten verkörperte er die Weisheit. Als der, der die Schlangen vernichtet, und als Widersacher des Bösen ist er auch ein Symbol für Christus.

Heute sind die Störche in unseren Breitengraden selten. Sie bauen kaum noch Nester auf Hausdächern.

Im Test werden drei Eigenschaftswörter für den Storch vorgeschlagen: »fleißig«, »frei«, »liebevoll« (diese letzte Eigenschaft ist mit der Mutterschaft in Verbindung zu bringen). 46 % der Stadtkinder haben bevorzugt »frei« gewählt, 36 % »fleißig«, nur 17 % »liebevoll«. Elegant, etwas distanziert, immer zum Wegfliegen bereit: der Storch wird von den Kindern eher bewundert als geliebt.

Roberta malt die Mutter »Storch« in einen Kreis eingeschlossen, aber auch alle anderen Familienmitglieder sind isoliert: ein Vater »Schwertfisch«, eine Oma »Kobra« und Roberta als »Ameise« (Bild 101).

Die Oma väterlicherseits dominiert in der Familie, der Vater mit einem Schwert-Phallus bedroht die Mutter. Roberta, die schon zehn Jahre alt ist, hat sich selbst als kleine schwarze Ameise gemalt: Vielleicht möchte sie, jedoch vergeblich, jemanden stechen!

Ein Bild, das der Interpretation der Mutter »Storch« eine besonders dramatische Kehrtwendung gibt, brachte mir eine Patientin. Sie war wegen einer schweren Depression in Behandlung: Seit Jahren betrog der Ehemann sie regelmäßig,

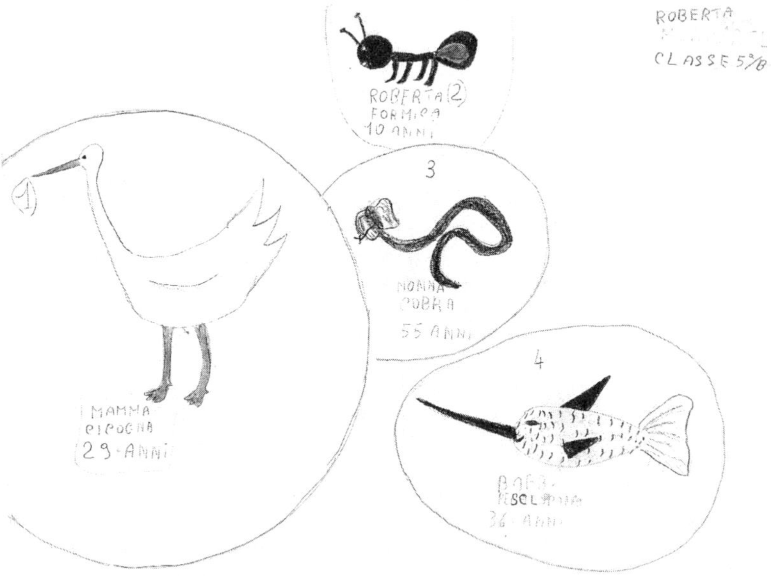

Bild 101 *Roberta, 10 Jahre alt: 1) Mama Storch, 29 Jahre 2) Roberta Ameise, 10 Jahre 3) Oma Kobra, 55 Jahre 4) Papa Schwertfisch, 36 Jahre*

sie aber schaffte es nicht, eine gesetzliche Trennung zu erreichen. In ihrem Unglück klammerte sie sich in einer intensiven, aber destruktiven Beziehung an ihren achtjährigen Sohn. Für Nicola, das Kind, war es schwer, den Schmerz der Mutter auszuhalten. Eines Tages bittet die Mutter ihn, den »Zoo-Familie«-Test zu machen. Das Kind malt und schafft es, sowohl das Unbehagen in der Familie als auch das seine so wirkungsvoll wie nie wiederzugeben. In der Mitte des Blattes stolziert ein riesiger Vater »Stier«, unter dessen Stiefeln in der unteren Bildhälfte der Kopf eines Storches, »der ertrinkt« (wie das Kind daneben notiert), aus dem Wasser herausragt. Hinter dem Vater, in einer Ecke oben, erscheint ein Gespensterkopf ohne Augen und mit zwei langen Zäh-

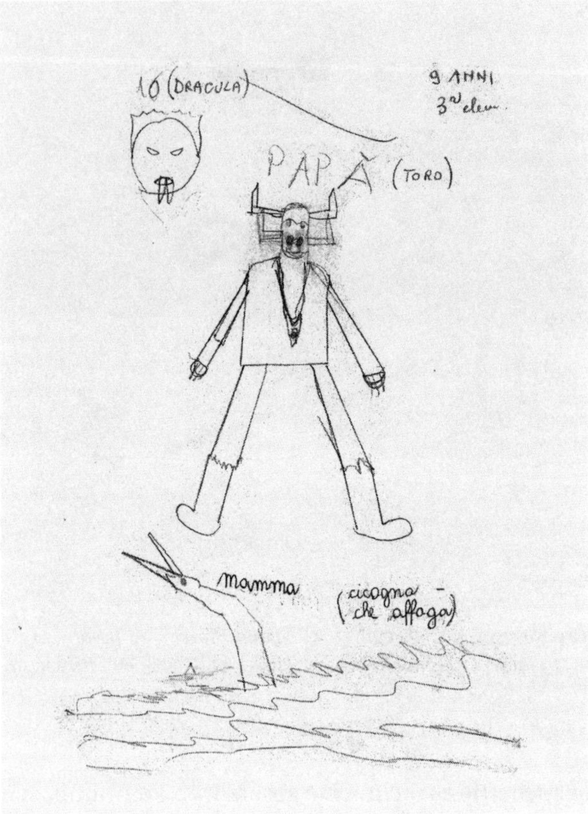

Bild 102 *Nicola: Ich (Drakula) Papa (Stier) Mama (Storch – der ertrinkt)*

nen: Drakula. Das ist Nicola, voller Aggressivität gegen seinen Vater, dem er die Schuld gibt an dem Unglück der Mutter (Bild 102).

Tiger (und Leopard, Panther, Puma)

Er ist die schönste Katze, das Sinnbild der Stärke, der harmonischen Kraft und der grausamen Aggressivität. Er lebt in den unterschiedlichsten Umgebungen, in der eisigen Kälte Sibiriens angefangen bis zur feuchten Hitze des Dschungels. Er lebt in erhabener Einsamkeit. Spiel- und Dokumentarfilme sowie Fernsehreportagen haben uns gezeigt, wie wild und ungestüm der Angriff eines Tigers sein kann und wie geschmeidig sein Lauf ist. In Afrika und in Asien bleibt er jedoch Symbol für die Gewalttätigkeit der Natur und das harte Gesetz der Notwendigkeit. Man erzählt sich von Blutbädern, die Tiger in Dörfern angerichtet haben, aber auch von besonderer Tollkühnheit, wie man sie sonst bei keiner anderen Katzenart findet. Blutgierig und erbarmungslos greift er die Beute aus purer Lust am Töten an und nicht nur um des eigenen Überlebens willen.

Heutzutage wird der Tiger als Emblem benutzt, in Jugendclubs und bei Mannschafts-Wettbewerben. Sein Abbild unterstreicht den Kampfgeist und die psychische Überlegenheit.

»Wild« ist das Adjektiv, mit dem 50,7 % der Kinder ihn charakterisieren. »Aggressiv«, sagen 33,6 %, »edel« 15,5 %. Dem Kapitel »Tiger« haben wir eigentlich auch andere Katzenarten zugeordnet, die von den Kindern gemalt wurden, wie Panther, Leopard, Puma, weil wir ihre Aggressivität der des Tigers vergleichbar fanden. Im Test steht er ebenfalls an erster Stelle bei den von den Buben zur Selbstdarstellung ausgewählten Tieren, bei den Mädchen nur auf Platz 33. Man kann also einen deutlichen Unterschied zwischen Buben und Mädchen feststellen, wenn es darum geht, ein Tier zur Darstellung der eigenen Person zu wählen, das eindeutig Aggressivität ausdrückt. Ein solcher offensichtlicher Unterschied wirft erneut die seit Jahren diskutierte und niemals ganz gelöste Frage auf, wieviel in bestimmten Bereichen des Verhaltens angeboren ist und wieviel erworben. Wenn wir die gewählten, deutlich aggressiven Tiere, mit denen sich die Kinder selbst dargestellt haben, zusammenzählen, erhalten wir folgendes Resultat: 22,3 % der Buben haben gegenüber 2 % der Mädchen zur Selbstdarstellung wilde Tiere gewählt. Ist das nun der Beweis, daß die Aggressivität ein geschlechtstypischer, unterscheidender Faktor ist? Was wir sicherlich wissen ist, daß das kulturelle Umfeld dazu tendiert, bei den Kindern das Verhalten zu kritisieren, das seiner Meinung nach gemäß den traditionellen Erwartungen nicht mit der sexuellen Rolle konform ist. Die Aggressivität wird weder als nützlich noch als der weiblichen Rolle entsprechend geschätzt und wird also stärker bei den Mädchen kritisiert. Im Gegenteil, man ist überzeugt, daß Selbständigkeit, Dominanz und Aggressivität ein Bestandteil des männlichen Verhaltens seien, daß sie für ein der männlichen Rolle entsprechendes Leben nützlich seien; also werden sie gefördert. Man sollte weiter berücksichtigen, daß Kinder dazu neigen, dem Elternteil gleichen Geschlechts nachzueifern. In der Tat nehmen die Schmetterlinge den ersten Platz ein, wenn es um die Wahl des Tieres zur Darstellung sowohl der Mutter als auch des zeichnenden Mädchens geht. Die Zahl der Väter »Tiger« ist kaum kleiner als die der Buben »Tiger«. Es gibt jedoch auch Mütter »Tiger«.

In Bild 103 von Allessandro haben wir ein Beispiel. Die Mutter ist eine energische, starke Frau von untadeligem Charakter. Sie leitet einen Betrieb, der Holzprodukte herstellt. Sie verlangt von ihren Kindern Verantwortungsbewußtsein. Sie ist liebevoll, ohne es allzu offen zu zeigen, hat aber wenig Zeit für die Kinder und teilt Befehle aus, sowohl zu Hause als auch in der Arbeit. Der Ehemann ist ein friedliebender Mensch, ihm ist seine Arbeit als Angestellter lieber, die ihn nicht dazu zwingt, mit der menschlichen Gesellschaft zu wetteifern. Allessandro ist zwölf Jahre alt, sein Bruder 16.

Bild 103 *Alessandro, 12 Jahre alt: meine Mutter ich mein Vater mein Bruder*

Dieser wehrt sich gegen die strenge Atmosphäre in der Familie, indem er sie austrickst: vor der Mutter zeigt er sich gut erzogen, folgt willig; wenn sie nicht da ist, raucht er, schwänzt die Schule, macht sich über die erhaltenen Anweisungen lustig. Allessandro, der schüchterner und ängstlicher ist, kann nicht heucheln; das einzige, was er schafft, ist, als »Hase« seiner Mutter »Tiger« zu entfliehen. Der Vater, im Bild eine friedliche, gepanzerte »Schildkröte«, raucht unbeirrbar. Der Bruder, ein »Fuchs« mit schlauer Miene, schaut zur Hälfte hinter einem Baum hervor.

Vogel

Die Vögel sind schon immer eine Quelle der Inspiration für Dichter, Maler und Musiker gewesen. Die Menschen sind seit jeher fasziniert von der Farbigkeit, dem Gesang und vor allem dem Gefühl von Freiheit, das sie vermitteln, und der Fähigkeit zu fliegen. Seit den ersten Versuchen mit dem Flugdrachen ist es dem Menschen in diesem Jahrhundert mit dem Flugzeug endlich gelungen, es den Vögeln gleichzutun. Der erste »fliegende« Mensch erscheint in der griechischen Mythologie: Daedalos baute für sich und seinen Sohn Ikaros Flügel.

Die Phantasie der Kinder von heute wird von verschiedenen fliegenden Wesen beflügelt: Peter Pan, das Kind, das nicht erwachsen werden wollte, nach einer Erzählung von James Matthew Barrie, durch Walt Disney als Zeichentrickfilm umgesetzt und in der Neuverfilmung von Steven Spielberg als »Käpt'n Hook« wiederaufgenommen; Batman und Superman, beide Zeichentrickfiguren, wurden in einer verfilmten Fassung wieder neu angeboten.

Die Vögel sind symbolisch gesehen Vermittler zwischen Himmel und Erde. Vor allem die kleinsten unter ihnen stellen, wie auch Schmetterlinge, in einigen Überlieferungen die Seelen der Kinder dar.

Die Leichtigkeit der Vögel wird nicht nur mit positiven Bedeutungen assoziiert, sondern auch mit negativen: mit Wankelmut in der christlichen Überlieferung, Flüchtigkeit in der buddhistischen.

Aus diesem Kapitel mit dem Stichwort Vogel haben wir die Raubvögel (Adler, Geier), wie auch Vögel mit besonderen Eigenschaften, z. B. den Pinguin, den Papagei, das Huhn, die Gans, den Schwan, den Pfau, ausgeschlossen. Man findet sie unter ihrem jeweiligen Namen. Wir sprechen hier von kleineren Vögeln, also von Sperlingsvögeln (Nachtigallen, Finken, Schwalben) und von jenen, die wir nicht besser identifizieren konnten, die die Kinder aber mit den gleichen Eigenschaften wie Anmut, Zartheit und geringe Größe gemalt haben.

Für die Psychoanalyse ist der Vogel auch ein phallisches Symbol. Es wäre trotzdem eine Verkürzung, sich bei der Interpretation der Bilder im Test auf diese einzige Bedeutung zu beschränken; der Vogel ist vor allem »frei« (so bezeichnen ihn 34,2 % der Kinder), sich in der Luft zu bewegen, weil er sich von der Erde lösen und weit fliegen kann. Sich als Vogel zu malen kann also bedeuten, sich von irdischen Kümmernissen zu befreien, vor einer wenig angenehmen Wirklichkeit zu fliehen. »Frei wie ein Vogel im Walde sein«, sagt man

Bild 104 *Stefano, 9 Jahre alt: Vater 57 Jahre Mama 59 Bruder 22 Bruder 18 ich 9*

von einer Person, die unauffindbar sein möchte, denn der kleine Vogel hat sehr viele Feinde. Twitty, ein sehr bekannter Trickfilm-Kanarienvogel, wird ständig von dem Kater Sylvester belagert.

Mit Hilfe des Vogel-Symbols kann ein Kind auch den Wunsch zum Ausdruck bringen, daß jemand aus seinem Leben verschwinden soll. Wenn ein Kind ein jüngeres Geschwister als »Vogel« malt, dann geschieht das nicht nur aus einem Beschützerinstinkt heraus gegenüber der Schwäche und Zartheit, sondern auch in der unbewußten Hoffnung, daß dieses Flügel bekommen und weit weg fliegen möge.

Im Familien-»Nest« fühlt man sich beschützt. Sich als Vogel zu malen, kann als Ausdruck des Wunsches nach Liebe, Zärtlichkeit und Umsorgtwerden gelten, kann aber auch einem Gefühl von Schwäche Ausdruck geben. Letzteres ist der Fall bei Alessandra, einem gut sechs Jahre alten Mädchen (Bild 10).

Der Vogel ist wehrlos und kann deshalb leicht vom Menschen gefangen und in einen Käfig eingesperrt werden. Wer sich als Vogel im Käfig malt, vermittelt den Eindruck, innerhalb der familiären Umgebung unterdrückt und gezwungen zu werden. »Der Vogel im Käfig singt nicht aus Liebe, sondern aus Wut«, sagt ein bekanntes Sprichwort.

Das Bild 104 von Stefano, neun Jahre alt, ist ein Beispiel dafür. Seine Familie lebt am Rande der Armut, die Eltern sind fast Analphabeten, die Mutter (kleiner Fisch) leidet unter Depressionen und hat kaum die Kraft, auf die drei Kinder aufzupassen. Der 22jährige älteste Bruder arbeitet zusammen mit dem Vater als Handlanger in einem Großmarkt. Der 18jährige Bruder hat die Schule abgebrochen und verbringt seine Tage mit den Freunden im Dorf. Stefano ist schlecht in der Schule und würde sowohl psychische als auch schulische Unterstützung brauchen. Aber seine älteren Brüder machen sich über ihn lustig und behandeln ihn wie einen Idioten. Stefano malt den Vater als gutmütigen Stier mit Euter (er ist eigentlich derjenige, der das Geld nach Hause bringt und

Bild 105 *Arianna, 10 Jahre alt: Vater ich Mutter*

sich, so gut wie er kann, um die Kinder kümmert). Die Ehefrau, die in ihrer Wasserwelt eingeschlossen ist, hat keinerlei Verbindung zur Außenwelt. Der älteste Bruder ist, so wie der Vater, ein »Steinbock«. Der zweitgeborene flüchtet als »Vogel« vor der Realität. Auch Stefano ist ein kleiner »Vogel«, hat aber einen schweren Käfig, der ihn gefangenhält. Es ist ein symbolischer Käfig: ein Käfig aus Mangel an Liebe, an Entfaltungsmöglichkeit, an tragenden Gefühlsbeziehungen.

Die Familie von Arianna (Bild 105) besteht aus drei kleinen Vögeln in einem Nest. Aber so vereint wie im Bild war ihre Familie nicht immer. Arianna hat, als sie fünf Jahre alt war, erleben müssen, wie die Eltern sich trennten. Danach erlebte sie eine Zeit großer finanzieller Not und großer emotionaler

Entbehrungen, da die Mutter zur Arbeit ging und ständig abwesend war. Nach drei Jahren kam der Vater nach Hause zurück, die Familie war wieder vereint. Aber die Lage ist weiterhin gefühlsmäßig prekär geblieben. Arianna ist jetzt zehn Jahre alt und braucht mehr Sicherheiten. Ihr Bild erzählt uns dies alles mit der Hoffnung, daß die Eintracht in der Familie stabil bleiben möge.

Die Mutter der zehnjährigen Fabiola ist als entzückender, bunter Vogel dargestellt (Bild 106). Sie ist eine zärtliche, gutmütige, gutaussehende Frau. Fabiola ist die erste von drei Töchtern. Der Vater ist ein energischer, aber gutmütiger Mann. Fabiola zeichnet ihn als »Löwen« mit Bauch und Bu-

Bild 106 *Fabiola, 10 Jahre alt: Papa Elena Fabiola Mama Lisa*

sen (er bietet mehr Schutz als seine Frau). Fabiola findet jedenfalls, daß sie ein wenig unterschätzt wird. Die siebenjährige Schwester Elena, der große, sehr bunte »Schmetterling« neben dem Vater (denn Fabiola glaubt, diese sei Vaters Liebling), ist diejenige, die in der Familie dominiert. Das jüngste Schwesterchen, die einjährige Lisa, ist ein »Fischlein« im Wasser. Das erinnert an das vorgeburtliche Leben.

Jedenfalls zeigt das Bild von Fabiola ein heiteres, wenn auch etwas schüchternes Mädchen (sie malt sich als »Schaf«), das eine gute Beziehung zu seinen Eltern hat.

Wal

Die riesige, eiförmige Gestalt des Wals ist Symbol für eine Person, die etwas »zurückhält oder versteckt«. Berühmt ist die biblische Geschichte von Jonas, der drei Tage im Bauch eines Walfisches verweilte und dann unversehrt an den Strand gespült wurde. Der Wal sieht aus wie ein riesiger Fisch, ist aber eigentlich ein Säugetier und ernährt seine Jungen circa ein Jahr lang. In der antiken Überlieferung und in Legenden ist er das Symbol für Halt und Stütze in der Welt. Alle Kinder sind von ihm fasziniert und kennen ihn auch aus der Ge-

Bild 107 *Francesca, 10 Jahre alt: Federica, 6 Jahre ich Mama Papa*

schichte von Pinocchio, der im Bauch eines Wals seinen Vater wiederfindet. Die Mehrzahl der Kinder hat für ihn das Adjektiv »riesig« statt »gefährlich« gewählt. In ihren Bildern taucht er mit einer bestimmten Häufigkeit auf, um Eltern oder ältere Brüder darzustellen.

Schauen wir uns Bild 107 an. Die zehnjährige Francesca fühlt sich von einer Beziehung zu ihrem Vater ausgeschlossen. Sie hat die ödipale Phase noch nicht überwunden und ist auf die privilegierte Beziehung, die er mit der Mutter hat, eifersüchtig. Und sie bewundert die Schönheit und Anmut der Mutter. In ihrem Bild stellt sie die Mutter als bezaubernde Sirene dar, die von einem draufgängerischen Vater »Wal«

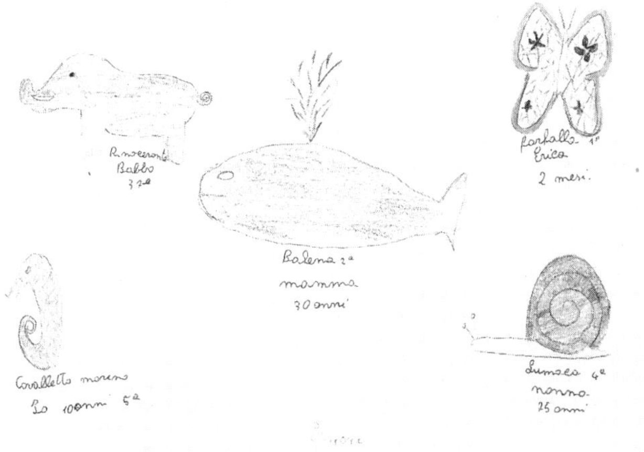

Bild 108 *Simone, 10 Jahre alt: Rhinozeros Papa 37 Jahre Wal Mama 30 Jahre Schmetterling Erica 2 Monate Seepferdchen ich 10 Jahre Schnecke Oma 75 Jahre*

angemacht wird. Beide sind im Meer. In der Luft über ihnen kreisend, getrennt und von der Paarbeziehung ausgeschlossen, sieht man sie als Taube, mit einer riesigen lila Schleife geschmückt, und vor ihr ihre sechsjährige Schwester Federica als anmutiger Schmetterling.

Mutter »Wal« ist diejenige, die behält, aufnimmt, schützt, stützt. Sie kann auch die Lieferantin neuer Geschwister sein. Der zehnjährige Simone (Bild 108) ist eifersüchtig auf sein neues Schwesterchen, das vor kaum zwei Monaten geboren wurde, nachdem er viele Jahre lang das einzige Kind gewesen war. Er malt die Mutter als Wal mit deutlicher Anspielung auf ihre jüngste Schwangerschaft. Die Schwester

Bild 109 *4 Loris 11 Jahre Schwalbe 3 Papa 43 Jahre Wal 1 Mama 31 Jahre Glucke 2 Oma 75 Jahre Schnecke*

als riesiger Schmetterling sticht optisch aus dem Bild heraus. Die übertriebene Größe der Figur bringt zum Ausdruck, welche Bedeutung die Schwester in seinem eigenen Leben und in dem der Familie annimmt. Sich selbst malt er als Seepferdchen, von den anderen abgesondert, der Blick ist aus dem Bild heraus zum Blattrand gerichtet. In Wirklichkeit sieht er wie ein kleiner, zusammengekrümmter Fötus aus. Er drückt also mit dieser Haltung die Ablehnung der Situation aus, die Depression, den Wunsch, in die Kleinkind-Phase zu regredieren (zurückzukehren), um die mütterliche Fürsorge wieder zu genießen.

Manchmal kann der Wal den Kindern als gefährlich erscheinen. Deshalb ist es wichtig, daß man ihre Bilder sorgfältig anschaut. Der Vater »Wal« von Loris (Bild 109) ähnelt einem bedrohlichen U-Boot mit gefletschten schwarzen Zähnen, der auf eine wehrlose Mutter »Glucke« und eine Großmutter »Schnecke« zustürmt. Sich selbst zeichnet Loris innerhalb dieser Konstellation in der Luft, auf der Suche nach einem Ausweg (nach Rettung) vor seinen Ängsten.

Wolf

Nur ein Heiliger konnte einen Wolf, dieses Symbol des Bösen, zähmen: der Heilige Franziskus. Im Mythos verzehrt der Wolf Sterne und stellt somit den kosmischen Tod dar, sein Rachen ist die Nacht, die Spelunke, die Unterwelt. Er ist nur in seinem mütterlichen Aspekt positiv: die Wölfin, die nach der Legende Romulus und Remus säugte; in der Erzählung von Rudyard Kipling zog sie Mowgli, den Protagonisten des Dschungelbuches, auf. Da der Wolf den Ruf hatte, ein hungriger und wilder Räuber zu sein, wurde er immer mit solcher Wut und solchem Abscheu gejagt, daß er fast überall ausgerottet wurde.

Für Bruno Bettelheim verkörpert der Wolf in der psychoanalytischen Interpretation des Rotkäppchen-Märchens unsere egoistische, sinnliche, gewalttätige, unannehmbar animalische Natur. Nicht zufällig gibt es seit altersher in Europa den Glauben an den Werwolf, einen Mann, der sich in Vollmondnächten in einen Wolf verwandelt. Homo homini lupus, formulierte der englische Philosoph Hobbes in seiner politischen Theorie. Erst heute, dank des Engagements der Umweltschützer, wird das Bild dieses vom Aussterben bedrohten Tieres wieder zurechtgerückt. Das Fernsehen und die Zeichentrickfilme haben den Wolf in eine sympathische und manchmal vom Pech verfolgte Figur verwandelt.

Aber wegen einer tiefsitzenden ursprünglichen Angst, die in der kollektiven Vorstellungswelt immer noch gegenwärtig ist, bleibt der Wolf in den kindlichen Beschreibungen oder Bildern ein Symbol des Bösen, der Gier und der Wildheit. 57 % der Kinder beschreiben ihn als »gefährlich«, 22,5 % als »frei« und 20,3 % als »stark«.

Keine Mutter und kein jüngeres Geschwister wurde im Test durch dieses Tier charakterisiert. Väter, die Zeichner selbst und ältere Geschwister sind die einzigen Wölfe. Wenn wir neben einem Wolf eine schwache Figur finden (Küken,

Lamm), dann ist es klar, daß der Maler zusammen mit dem Auffresser (dem Wolf) auch auf die Person aufmerksam machen wollte, die durch das Opfertier, das gefressen werden soll, verkörpert wird. Denn wer als Wolf abgebildet wird, ist entweder selber voller Wut und Aggression gegenüber jemandem oder gegenüber einer bestimmten Familiensituation, oder er wird so gesehen.

Massimo, zehn Jahre alt, zum Beispiel, ist ein großer, schwarzer Wolf, der aufrecht auf seinen zwei Hinterpfoten steht. Man kann deutlich sehen, gegen wen seine Wut gerichtet ist: An erster Stelle in der Reihe ist ein weißes Schäfchen zu sehen, das neugeborene Schwesterchen, das er si-

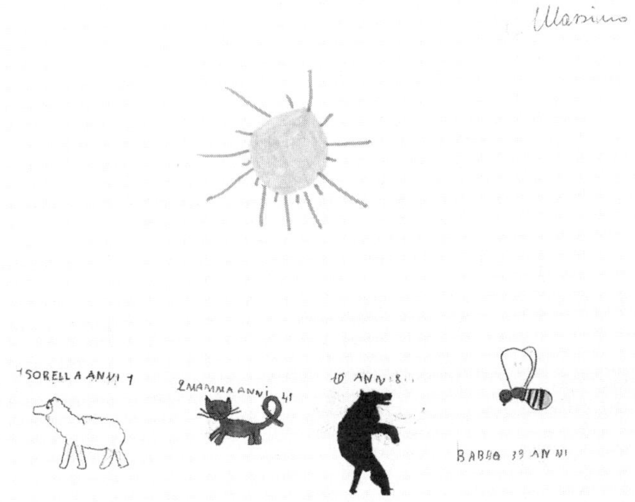

Bild 110 *Massimo, 10 Jahre alt: 1 Schwester, 1 Jahr 2 Mama, 41 Jahre ich, 10 Jahre Papa, 33 Jahre*

Bild 111 *Valerio, 8 Jahre alt: 44 Papa Löwe 41 Mutti Leopard 8 Ich Eichhörnchen 13 mein Bruder Wolf*

cherlich gerne auffressen und aus seinem Leben verschwinden lassen möchte (Bild 110).

Dann ist da der achtjährige Valerio, der sich von seinem älteren Bruder »Wolf« verfolgt fühlt. In einer Familie, in der der Vater »Löwe«, die Mutter »Leopard«, der Bruder »Wolf« ist, kann er bei soviel Aggressivität nicht anders, als für sich das »Eichhörnchen« zu wählen, um geschickt weit weg zu fliehen (Bild 111).

Zebra

Wenn beim Lernen des Alphabets in der Schule der Buchstabe Z an der Reihe ist, dann kommt unweigerlich das Zebra zum Einsatz. Der elegante Körper, der dem des Pferdes ähnlich ist, das ungewöhnliche schwarz-weiße Fell machen aus ihm ein besonderes Tier. Die Kinder im Zoo bewundern es und machen ihre Scherze: »Ist es vielleicht ein Pferd im Pyjama?« oder »Ist es weiß mit schwarzen Streifen oder schwarz mit weißen Streifen?« Diese unverwechselbaren Tiere, die manchmal so plump wie Esel und manchmal so

Bild 112 *Guido, 9 Jahre alt: Vater Mutter Sohn*

elegant wie Pferde sind, leben friedlich in Gruppen zusammen, oft mit anderen Wiederkäuern, mit denen sie die Nahrung teilen, ohne jedoch mit ihnen zu rivalisieren. Sie sind Beute von großen Fleischfressern wie dem Löwen oder Leoparden.

»Nett«, »fröhlich«, »elegant« ist es, schreiben die Kinder im Test. In den Bildern stellt es gewöhnlich die Eltern dar, meistens die Mutter. Es sind Eltern, mit denen man eine gute, liebevolle, freundschaftliche Beziehung hat.

Guido (Bild 112) ist ein neunjähriger Bub, der im Kleinkind-Alter adoptiert wurde. Er ist ruhig und verschmust, obwohl er weiß, daß die Eltern nicht seine natürlichen Eltern sind. Er hat aber ein sehr starkes Bedürfnis, ein Teil der Familie zu sein, von der er Liebe und Zuwendung bekommen hat. Guido malt ein reizendes Bild: der Papa ein friedliches Pferd mit einer Zigarette im Mund, das eine lächelnde Ehefrau »Zebra« mit einer roten Schleife auf dem Kopf anschaut (die Zigarette ist ein typisches männliches Symbol, wie die Schleife ein weibliches ist). Im Bild unten ist ein kleines Zebra zu sehen (Guido), das die Mutter lächelnd anschaut. Das Bedürfnis, sich mit einem Liebesobjekt zu identifizieren, ist bei ihm so groß, daß es Guido dazu führt, für sich dasselbe Tier zu malen, das er für die Mutter ausgesucht hat: Wenn Guido genau wie sie ein Zebra ist, dann ist er mit Sicherheit ihr Sohn.

Kriterien zur Interpretation des Tests

Es würde nicht ausreichen, wenn das Kind uns nur sagen würde, welches Tier es für jedes Mitglied der Familie auswählt, es muß sie auch malen. Die graphische Darstellung bietet uns sehr viel mehr an Information und macht die Interpretation des Tests genauer. Hätte Adriano (Bild 98) uns nur gesagt, daß sein Vater eine Spinne ist, hätte man sich einen wenig aggressiven Mann mit einer schwachen Persönlichkeit vorgestellt. In seinem Bild aber zeigt Adriano ihn anders: riesig groß, gierig, gefährlich.

Ganz anders sieht die Spinne aus, die Andrea gemalt hat (Bild 99): ein kleines, verletzliches Insekt, mit dem das Kind sich als Opfer identifiziert.

Es ist wichtig, ein Bild richtig »lesen« zu lernen. Wenn uns das gelingt, haben wir ein wunderbares Mittel in der Hand, um das emotionale Leben unserer Kinder, die Gefühle und das Unbewußte zu verstehen.

Es ist also nicht genug, zu wissen, welche Tiere das Kind ausgewählt hat. In der Bildanalyse müssen andere wichtige Faktoren berücksichtigt werden: welche Person als erste gezeichnet wurde, wie groß und mit welchem Ausdruck, welche Farbe verwendet wurde, die Art der Zeichnung, die Verteilung der Figuren auf dem Blatt.

Wir werden also jeden einzelnen dieser verschiedenen Faktoren erklären.

Der graphische Raum

Die Anlage der Zeichnung in einem bestimmten Bereich des Blattes sagt etwas über die Beziehung des Kindes zu seinem Umfeld und seine Reaktion auf sie aus. K. Lewin behauptet, daß der Raum auf dem Blatt für den »Lebensraum« steht und eng mit dem Raum verbunden ist, den das Kind in der Welt einzunehmen glaubt.

Am häufigsten legen die Kinder ihre Zeichnung in der Mitte an. Eine gut auf dem Blatt verteilte Zeichnung zeugt von Sorglosigkeit und einer guten Wahrnehmungsfähigkeit.

Die Anlage *auf sehr engem Raum* verrät Sicherheitsbedürfnisse des Zeichners. Schüchterne Kinder neigen dazu, sich auf engem Raum wohler zu fühlen.

Die *Verlegung nach links* auf dem Blatt wird von introvertierten, melancholischen Kindern mit regressiven Wünschen bevorzugt (Arianna, Bild 105).

Die Anlage *oben links* auf dem Blatt ziehen ängstliche, gehemmte Menschen mit schulischen und charakterlichen Problemen vor (Andrea, Bild 99).

Die *rechte Seite* des Blattes stellt dagegen symbolisch gesehen die Zukunft dar, also positive Gefühle und Vertrauen in die Zukunft.

Die Verwendung des *oberen Teils* des Blattes zeugt von Optimismus und einer phantasievollen Persönlichkeit.

Eine in den *untersten Teil* verlegte Zeichnung offenbart Depressionen und Unsicherheit (Stefano, Bild 104).

Die Art der Zeichnung

Der Strich, die Stärke der Linien, aus denen die Zeichnung besteht, hat eine große Aussagekraft, weil er Rückschlüsse auf den emotionalen Zustand des Zeichners und auf seine Persönlichkeit zuläßt.

Die *leichte Zeichnung* zeugt von Sanftheit und Sensibilität, die bis zur Schüchternheit und einem Mangel an Selbstvertrauen gehen können. Häufig sind dabei die Farben zart und verschwommen (Alessandra, Bild 10).

Die *schwere Zeichnung* verrät Impulsivität und Unzufriedenheit (Luca, Bild 38). Wenn der Druck beim Zeichnen so stark ist, daß das Blatt aufgekratzt wird, ist das ein Merkmal von Aggressivität. Auch die Art der Linienführung ist ein Hinweis auf den Charakter: Die *eckige und durchbrochene Linie* zeugt von Lebhaftigkeit, Unruhe, Energie; die *kurvige Linie* zeugt von Sanftheit, einem versöhnlichen Wesen oder auch Fügsamkeit gegenüber Autorität (Christina, Bild 77).

Die Größe

Die Größe der Zeichnung an sich zeigt den Grad der Aufgeschlossenheit und des Selbstbewußtseins der Person an. Wenn alle Tiere *sehr klein* gezeichnet werden, steht der Zeichner unter Zwang, ist scheu, unzugänglich (Alessandro, Bild 58). Die *sehr großen* Bilder zeugen von Sicherheit, Selbstvertrauen, aber auch einem Mangel an Kontrolle oder einer Neigung zur Aufdringlichkeit.

Die wirklichen Größenverhältnisse bei den Tieren werden nicht immer beachtet: So können wir in den Bildern riesengroße Marienkäfer, übergroße Schmetterlinge, Lilliputgiraffen, winzige Drachen sehen. Die Größe jedes Tieres gibt die Bedeutung (oder Bedeutungslosigkeit) wieder, die das Kind ihm verleiht.

Die *aufgewertete Person*, die für das Kind gefühlsmäßig stärker besetzt ist, oder die seiner Meinung nach eine dominierende Rolle innerhalb der Familie spielt, wird größer und als erstes gezeichnet, mit mehr Einzelheiten, und wird mit größerer Sorgfalt bunt angemalt (Adriano, Bild 98).

Die *abgewertete Person* ist diejenige, die das Kind nicht gern als Mitglied der Familie sehen möchte, weil es mit ihr mehr Konflikte hat. Gewöhnlich wird sie kleiner, mit weniger Sorgfalt, als letzte in marginaler Position auf dem Blatt (Lorenzo, Bild 80) gemalt, oder sie fehlt gänzlich. Die jüngeren Geschwister werden manchmal, um zu beweisen, wieviel Raum sie in der Familie einnehmen, groß gemalt (Chiaras Schwesterchen, Bild 56).

Der Zeichner selbst empfindet möglicherweise auch weder Liebe noch Achtung für sich, fühlt sich vielleicht aus der Mitte der Familie ausgeschlossen und malt sich deshalb klein (Alessandra, Bild 10), am Rande oder überhaupt nicht.

Ausdruckskraft der Figuren

Wie schon gesagt, es reicht nicht aus, nur zu schauen, welche Art von Tier gewählt wurde, um den Charakter jedes »Zoo-Familienmitglieds« genau bewerten zu können. Die graphische Sprache ist oft von einer solchen Ausdrucks- und Beschwörungskraft, daß es über den kodifizierten Charakter des gezeichneten Tieres hinausgeht. Ein an sich zahmes Tier kann so auch als gefährlich und zudringlich (siehe den Vater »Spinne« von Adriano, Bild 98) gezeichnet werden. Andererseits hat der Vater »Stier« von Stefano (Bild 104) einen gutmütigen Ausdruck und ein Euter unter dem Bauch. Dasselbe Tier kann mit ganz gegensätzlichen Eigenschaften, den Gefühlen des Kindes entsprechend, dargestellt werden. So haben wir lächelnde Väter »Bär« mit rosa Bauch (Laura, Bild 7) und bedrohliche Mütter »Bär« mit aufgerissenem Rachen (Gianluca, Bild 8).

Das Vorhandensein von *Krallen, Zähnen, Nägeln, spitzen Flügeln, Stacheln* bei einem Tier zeigt, daß das Kind die jeweilige Person als gefährlich oder aggressiv empfindet. Solche Aggressivität könnte auch eine Projektion der Wut des kleinen Zeichners sein (Emanuele, Bild 41).

Die *Augen* bestimmen den Ausdruck des Tieres noch zusätzlich: Es gibt *sanfte, fröhliche, offene, lächelnde* Augen; *traurige, punktförmige, randlose* Augen, die Mißtrauen bedeuten, *weit aufgerissene* Augen als Zeichen von Neugier, *besonders betonte* Augen, die Unruhe und Strenge ausdrücken. Die Augen können auch bei einer Figur gar nicht da sein, dann fühlt sich das Kind von ihr nicht beachtet, oder es fürchtet, Gegenstand ihrer übelwollenden Aufmerksamkeit zu sein.

Der *Mund* ist ein weiteres Mitteilungsorgan: *Geöffnet* und *gierig* drückt er die Aggressivität der Person aus, mit einem *Strich* gezeichnet drückt er Verschlossenheit aus, *halbkreisförmig nach oben* Gutmütigkeit und Fröhlichkeit, *halbkreisförmig nach unten* Traurigkeit. *Sehr betont* zeigt er orale Bedürfnisse an.

Die Farben

Wie bekannt, teilen sich die Farben in warme (rot, gelb, orange) und kalte Farben (grün, blau, lila) auf. Erstere drükken Erregung, Heiterkeit, Impulsivität aus, letztere suggerieren und bewirken Passivität, Traurigkeit, Nachdenklichkeit.

Wenn die Kinder noch klein sind, bevorzugen sie lebhafte und kräftige Farben; mit der Zeit werden diese aber nuancierter und kühler. Die *zarten Pastell*farben werden von schüchternen, gehemmten Kindern (Alessandra, Bild 10) vorgezogen, die *kräftigen* dagegen von extrovertierten oder ängstlicheren Kindern, die auf anschauliche Weise ihre Wut-, Liebes- und Haßgefühle äußern (Luca, Bild 38). Die verwendete Farbe ist auch Ausdruck der Gefühlsnuance der dargestellten Person und des ihr vom Zeichner zugeschriebenen Charakters. In Bild 82 gibt die rote Farbe des Vaters »Polyp« unmittelbar Marinas Furcht vor dem Vater wieder, genauso wie Marios grüne Mutter »Piranha« mit dem roten Mund in Bild 66.

Das Fehlen der Farbe kann Gefühlsleere, Gehemmtheit, depressive Stimmung des Kindes bedeuten. Wenn aber nur eine oder auch mehrere Personen schwarz-weiß gelassen wurden, bedeutet das, daß das Kind feindselige Gefühle ihnen gegenüber hegt, oder daß es glaubt, von ihnen wenig geliebt zu werden (Simone, Bild 4).

Manchmal finden wir in einem Bild verschiedene Tiere *in der gleichen Farbe* gemalt, zum Beispiel Vater und Sohn, Mutter und Tochter. Auf diese Weise will der kleine Zeichner eine Gefühlsnähe zwischen diesen Personen betonen und andere davon ausschließen, die er mit anderen Farben gemalt hat.

Die räumlichen Verhältnisse

Die räumlichen Verhältnisse zwischen den Tieren stellen die Dynamik innerhalb der Familie klar, so, wie das Kind sie erlebt oder erleidet. Die *physische Nähe* oder *Entfernung* zwischen den Figuren bezieht sich im übertragenen Sinne auf die Gefühlssphäre. Cristina, zum Beispiel, porträtiert sich in Bild 77 unter den weiten, schützenden Flügeln der Mutter »Pfau«. Manchmal werden die Personen starr aneinander gereiht auf einer Ebene dargestellt, mit einem Abstand dazwischen, ohne physischen oder visuellen Kontakt, wie in Marinas Bild 82. In diesem Fall ist es sinnvoll, die Reihenfolge, in der die Personen gemalt wurden, und ihre jeweilige Nähe oder Entfernung zueinander zu beachten.

Andere graphische Mittel zur Hervorhebung der tatsächlichen oder vom Kind gewünschten Trennung sind *Striche, Bäume, Käfige, Behälter* und *andersfarbige Hintergründe*. In Stefanos Bild 104 isoliert er seine Mutter in einem großen Aquarium und sich selbst in einem mit engen Gitterstäben versehenen Käfig. Chiara, in Bild 22, schützt sich vor einer Mutter »Tsetsefliege« durch senkrechte und waagerechte Striche.

Wenn Tiere auf verschiedenen Ebenen gezeichnet werden, ist es wichtig zu beobachten, welche *oben* und welche *unten* sind, weil das eine Anspielung auf Dominanz oder Unterwerfung der abgebildeten Personen ist, je nach Bedeutung oder marginaler Stellung innerhalb der Familie (Eltern »Leopard« von Rita, in Bild 61).

Manchmal merken wir, daß eine Figur gesondert unter einer Reihe von Tieren abgebildet ist: Das ist die Person, die das Kind, sei es aus Eifersucht oder weil es ihre Aggressivität fürchtet, aus seinem Leben ausschließen möchte (Lorenzo, Bild 80).

Das Kind und das Tier

Wegen seiner besonderen Eigenschaften und der Vielfalt der symbolischen Bedeutungen durchquert das Tier das ganze Gefühls-, Wissens- und Phantasieleben des Kindes. Zuerst ist das Tier im Leben des Kindes noch »leblos«, dann ist es »belebt«, nämlich im Zeichentrickfilm, und dann endlich erscheint es als wirkliches, lebendiges Tier.

Das leblose Tier (Teddybär, Katze oder Häschen aus weichem Gummi) ist eine Stütze in der prägenitalen* Phase des Kindes, während das belebte, bzw. lebendige Tier es in der genitalen Phase ist.

Während des ersten Lebensjahres übernimmt das leblose Tier die Funktion eines Übergangsobjekts (von Winnicott so treffend analysiert): Es ist der erste Vertraute des Kindes, sein erster Nicht-ich-Besitz. Es kann ihn vor der Angst bewahren, die Mutter zu verlieren, und kann eine wichtige homöostatische (ausgleichende) Funktion erhalten bei der Verarbeitung seiner Verlustängste, der Angst vor dem Eindringen des Objekts oder der Vernichtung des Objekts.

Schon vom siebten bis neunten Monat an zeigen die Kinder gewisse Vorlieben: Bär oder Affe sind gewöhnlich die Favoriten. Es ist aber sehr oft die Struktur (z. B. der Geruch, d. Red.) oder das Material, aus dem die Tiere gemacht wurden (das weiche Fell), was die Kinder anzieht, mehr als die Form selbst, die die Eltern nach dem, was sie selbst aus ihrem kindlichen Erleben erinnern, ausgesucht und dem Kind auf-

* Mit dem Begriff »prägenital« bezeichnet man in der Psychoanalyse die Phantasien, Beziehungen zu Objekten, Triebe u. a. m., die in der frühkindlichen Phase der Sexualentwicklung (orale, anale, phallische Entwicklungsphasen) auftreten. In der »genitalen« Phase wird allmählich die Sexualität der reifen Persönlichkeit entwickelt. (Anm. d. Red.)

gedrängt haben. Bei einem Spielzeug, das die Kinder favorisieren, spielt auch seine Größe und die Beweglichkeit der Glieder eine wichtige Rolle, denn sie kommen dem Bedürfnis entgegen, ein Objekt in Besitz zu nehmen und zu umarmen. Außerdem unterstützt das Spielzeugtier die Sprachentwicklung und die Entwicklung der Spielfähigkeit.

Häufig führt das Kind mit dem Tier eine Art geheimen, privilegierten Dialog, ein für die Erwachsenen unverständliches Gebrabbel. Das leblose Tier ermöglicht ihm, gerade weil es harmlos ist und keine Reaktionen zeigt, seine aggressiven und analen Impulse zu befriedigen und an ihm seine vermeintliche Omnipotenz abzureagieren. So wird das Kind im Spiel mit dem Tier selbst zum Regisseur und verfügt frei über das spielerische Szenario.

Mit der Zeit verliert das Kind zwar das Interesse an solchen Spielen, es bleibt jedoch durch die Geschichten und Märchen, die die Erwachsenen ihm erzählen, immer noch mit der Welt der Tiere verbunden. Die Märchen, wie Bruno Bettelheim es formuliert*, »stellen ihm Gestalten vor, auf die es das, was in ihm vorgeht, auf überschaubare Weise projizieren kann«. Die Tiere in den Märchen ermöglichen sämtlich ein Spiel mit Identifikationen und Projektionen. Manchmal können die Tiere zu Modellen für einen »Familienroman« verarbeitet werden, dessen Schema oft das folgende ist: Das kleine, verlorene oder gejagte Tier steht allein da im Leben; nachdem es durch Schicksalsprüfungen hindurchgegangen ist und Erfahrungen gemacht hat, wird es von einer neuen Familie aufgenommen, bei der es glücklich leben wird.

Die Tiere der Märchen leben, wie im Spiel, in einer Dimension ohne Zeit und Raum; und weil ihre Gefühle und ihre Erregungszustände nicht verarbeitet werden müssen, können sie sich frei und ohne Angst vor Bestrafung aus-

* Vgl. Bruno Bettelheim, *Kinder brauchen Märchen*, dtv, München 1982, S. 78.

drücken. Die Kinder benutzen solche Tiere als Identifikations-Objekte (das häßliche Entlein), als Stellvertreter und als imaginären Gefährten (Heidis Zicklein, Alices Kaninchen), oder auch als Figuren, auf die sie ihre eigenen Ängste projizieren können (der Wolf in »Rotkäppchen«, das Ungeheuer in »Die Schöne und das Biest«). Oft bevölkert das Tier die Träume der Kinder und ist gleichzeitig als Beschützer, als Verfolger und als Ungeheuer, das besiegt werden muß, präsent.

Mit zunehmendem Alter findet sich das Kind mit dem lebendigen Tier konfrontiert. Anfangs ziehen die kleinen Tiere seine Aufmerksamkeit an (Würmer, Ameisen, Eidechsen). Mit zwei oder drei Jahren kommt es mit den größeren Tieren (Zoo-, Zirkus- oder Haustiere) in Berührung, die in der Familie leben oder die es besitzen möchte. Das Tier wird zum Vorbild in der motorischen Entwicklung und in der Sprache: Das Kind versucht seine Stimme und seine Gangart nachzumachen. Die Kommunikation zwischen den beiden vollzieht sich rein gestisch.

In den ersten Lebensjahren lebt das Kind in einer Symbiose mit seinem Tier, und beide sind der Autorität der Eltern unterworfen. Mit der Zeit kann das Kind seine Überlegenheit ausspielen und Einfluß auf das Tier ausüben: Es nimmt das Spiel in die Hand, bestraft und rügt seinen Partner und ahmt dabei seine Eltern nach. Mal versetzt es sich in die Rolle des schuldigen Tieres und mal in die Rolle der Eltern, die fordern, beschützen, Gesellschaft leisten, bestrafen.

Für das Kind sind Tiere schon deshalb sehr interessant, weil sie ähnliche und gleichwertige Organe wie der Mensch haben, die jedoch größenmäßig unterschiedlich sind: die Hasenohren, der Giraffenhals, der Elefantenrüssel. So wird ein anatomischer Teilaspekt zum beherrschenden Aspekt, unter dem das Tier wahrgenommen wird, ein Aspekt von überraschender Offensichtlichkeit und Grobheit. Freuds Bemerkung über das Interesse des Kindes für das Euter der Kuh als Vermittlung zwischen Busen und Penis trifft in der Kinderpsychologie oft zu. Er behauptet, daß ein gutes Stück der Bedeutung, die Tiere für die Kinder haben, von der Offenheit abhängt, mit der sie dem Kind ihre Genitalien und ihre sexuellen Funktionen zeigen.

Es ist bekannt, daß Tiere das häufigste Objekt einer Phobie bei Kindern darstellen. Die Phobien sind, wie wir wissen, ein Mittel, Angst zu verarbeiten: Wenn die inneren Konflikte unerträglich werden, versucht das Subjekt unbewußt, die Ursache dafür einem äußeren Objekt, welches sie symbolisch darstellen könnte, anzulasten.

Freud (in der »Analyse des kleinen Hans« und in »Der Wolfsmann«) gibt uns genaue Hinweise auf die psychischen Mechanismen des Kindes, die in der Beziehung zum Tier zur Anwendung kommen, und zwar auf dreifacher Ebene, nämlich der Projektion, der Negation, der Identifikation.

Auch auf der Ebene der kognitiven Entwicklung haben Tiere eine größere Bedeutung für die Kinder. Tiere sind ein Quell der Information und der Neugier. Bei ihnen ist alles sichtbar: Bedürfnisse, Ernährungsverhalten, Ausscheidungsvorgänge, Sexualität, Tod. Alles, was beim Menschen nicht sichtbar ist, kann beim Tier beobachtet werden.

Das Kind wird direkt mit der Fruchtbarkeit und der Kastration des Haustieres konfrontiert, genauso wie auch mit seiner Krankheit, seinem Verschwinden, seinem Tod. Das Tier wird zum »Urheber« von Problemen, die die Sexualität betreffen, von allem, was mit Paarung und Fortpflanzung zu tun hat. Das Kind stellt Fragen zu diesen Themen, was die Erziehungsaufgabe des Erwachsenen erleichtert. Krankheit und Tod eines Tieres, die das Kind immer wieder erlebt, zeigen ihm einige Grunddimensionen des Lebens und bereiten es auf zukünftige Verluste vor.

Der erste Kontakt mit dem Tod ist mit dem Anblick eines reglosen Tieres verbunden. Das Kind neigt anfangs dazu, den Tod als eine Bestrafung für vom Tier begangene Missetaten zu interpretieren. Erst mit neun oder zehn Jahren fängt es an, die biologischen Prozesse von Krankheit und Tod zu begreifen, und es weiß von nun an, daß der Tod irreversibel ist.

Wie das leblose Tier ein unentbehrlicher Vermittler im Säuglingsalter ist, der dem Kind hilft, den Übergang aus einem Zustand, wo es sich noch nicht getrennt von der Mutter weiß, zu ertragen, so hilft das lebende Tier dem Kleinkind dabei, bestimmte Leistungen psychisch zu integrieren, und ermöglicht ihm, sich von seinen Emotionen zu befreien, indem es sie auf das Tier projiziert.

Die Fähigkeiten des Haustiers, geduldig und tolerant zum Kind zu sein, lange mit ihm zu spielen, schaffen eine starke Bindung zwischen ihnen und eine intensive Gemeinschaft. Das Haustier ist für das Kind verfügbar, berechenbar, verständlich. Das Zusammensein und gemeinsame Aufwachsen, das Spielen im körperlichen Kontakt, erklärt die affektive, emotionale und libidinöse Besetzung zwischen ihnen. Eine solche Beziehung fördert im Kind die Fähigkeit zur projektiven und zur introjektiven Identifikation: Das Tier wird so zum »Double« oder zum imaginären Gefährten seines kleinen Herrn.

Hund oder Katze mit ihrem Repertoire an mimischen Antworten, die aus Körperhaltungen oder Gebärden bestehen, verstärken in ihm die Illusion, völlig verstanden zu werden, ohne auf Worte zurückgreifen zu müssen. Kinder und auch viele Erwachsene haben das Gefühl, neben sich einen Gefährten zu haben, der ihre Schmerzen intuitiv erfaßt, ihre Ängste teilt und auf ihre Bedürfnisse reagiert.

Wie überaus angenehm es auch sein mag, mit jemandem, der Anteilnahme zeigt, über eigene Gedanken und Gefühle zu sprechen: die Strebung, verstanden zu werden ohne Worte, bleibt immer unbefriedigt. Sie stellt die alte Sehnsucht nach der ursprünglichen Beziehung mit der Mutter dar. Diese Sehnsucht trägt zu einem Eindruck von Einsamkeit bei, und sie stammt aus dem depressiven Gefühl, einen irreparablen Verlust erlitten zu haben (Melanie Klein).

Mit der Katze oder mit dem Hund muß man nicht reden,

man versteht sich auch so, und weil es scheint, als fehle ihnen nur das Wort, glaubt das Kind, verstanden zu werden, und zwar im Sinne von »richtig gehört«, und es entwickelt einen imaginären Dialog, in dem es selbst die Fragen stellt und die Antworten gibt. Solch ein innerer Dialog beruhigt, füllt Mängel aus, löst die Spannungen. Das Fehlen von verbalen Antworten von seiten des Tieres läßt eine Palette von allen möglichen Antworten offen und verstärkt im Kind die Illusion, wirklich verstanden zu werden. So wird es nicht die Enttäuschung erleben, abgelehnt, mißverstanden oder gar nicht verstanden zu werden.

Bei seinem inneren Dialog, im Fragen und Antworten in einem ständigen Rollentausch, ist die reale Anwesenheit des Tieres die stille Vermittlung, die eine innere psychische Wahrnehmung einer imaginären Antwort möglich macht. So behauptet das Kind häufig: »Ich spreche mit ihm, und es gibt mir Antwort«, »Ich kann ihm alles erzählen, und es versteht mich«.

Das Haustier steht oft im Zentrum einer komplexen Familiendynamik. Es ist das unbewußte Objekt unausgesprochener Konflikte, von Eifersucht, von Rivalitäten. Manchmal sind Kinder auf ihr Tier eifersüchtig, dessen Lage ihnen privilegiert erscheint. Da sie nicht selten von den Gesprächen und den Aktivitäten der Erwachsenen ausgeschlossen werden, verwandeln sich die Erwartungen, die die Eltern ihnen gegenüber haben, bei den Kindern in ein andauerndes Gefühl der Unzulänglichkeit. Der Erwachsene erwartet in der Tat sehr viel vom Kind: daß es wächst, folgt, vernünftig sei, sich ändert. Das Tier ist von diesen Pflichten befreit. Es kann bei den Erwachsenen bleiben, braucht sich nicht zu ändern, wird um seiner selbst willen geliebt und nicht wegen seiner Leistungen, es kann tun, was es will, und bleiben, was es ist.

Hunde und Katzen können, weil sie von den Erwachsenen zärtlich behandelt werden, bei den Kindern Eifersucht auslösen und das Gefühl entstehen lassen, aus der Familie ausgeschlossen zu sein. Bernard Brussel bemerkt, daß die Kinder die Stellung des Haustieres aus einem sehnsuchtsvollen regressiven Wunsch heraus wahrnehmen: Es braucht nichts weiter zu tun als fressen, schlafen, beschützt und akzeptiert zu werden. Und es ist für die Kinder besonders frustrierend festzustellen, daß das Tier, anders als das bei ihnen der Fall ist, die Erwartungen der Eltern gänzlich zufriedenstellt.

Das Tier kann sogar eine Art ideales Ich für das Kind werden. Sich mit dem Tier zu identifizieren gibt ihm das Gefühl, außerhalb der Konflikte in einer regressiven, narzißtisch erträglichen und von anderen akzeptierten Lage zu leben: Das befriedigt sein Bedürfnis, Objekt von Liebe und nicht länger von Ansprüchen zu sein. Das Haustier wird auch innerhalb der Familiendynamik gebraucht. Wenn das Kind z. B. intensiv für es sorgt, es füttert, es spazieren führt, ihm jeden Wunsch oder jedes Bedürfnis erfüllt, sendet es indirekt seinen Eltern Botschaften, in denen es sie anklagt: Es zeigt, daß es in der Lage ist, dem Tier Liebe und Schutz und alles das zu geben, was sie ihm nicht geben können.

Aber auch wenn das Tier von den Eltern geschimpft wird, wenn ihm Unsauberkeit vorgeworfen wird, wenn gedroht wird, es hinauszuwerfen, kann das eine indirekte Mißbilligung und Strafe für das Benehmen des Kindes sein.

Mit der Zeit entlastet das Kind das Tier von allen »emotionalen Aufgaben«, die es ihm aufgetragen hatte, und gibt ihm »seinen Platz« wieder. So wird das Tier »Tier«, der alte Verbündete ist nichts weiter als der Haushund oder die Hauskatze. Die Art, wie das Kind mit ihm spricht, ändert sich, und nur noch in Zeiten der Regression wird es zu der alten Art und Weise zurückkehren.

Für den Heranwachsenden stellt das Tier, wie H. Valiergue sagt, das Recht dar, verantwortlich zu sein, geliebt zu werden und zu lieben. Es wird ein wichtiger Vermittler in den Beziehungen zu den Erwachsenen und vor allem zu Gleichaltrigen, indem es Spielverhalten auslöst, Rituale entstehen läßt und zu nonverbaler Kommunikation anregt.

Der Jugendliche sublimiert irgendwann sein Interesse für

die kindliche Welt, indem er sich z. B. an einer Naturschutz-Kampagne beteiligt und an Umweltbewegungen. Wir alle kennen die Liebe und das Interesse der jungen Leute für die Tiere, deren unermüdliche und hartnäckige Verteidiger sie sind.

Die »Zoo-Familie«

Die Kinderzeichnung ist »ein offenes Fenster auf das Unbewußte« und deshalb ein bevorzugtes Untersuchungsinstrument der Innenwelt des Kindes. In den letzten zehn Jahren haben sich die Untersuchungen zum Thema Kinderzeichnungen vervielfacht, und es wurden verschiedene projektive Tests entwickelt, wie z. B. der Familienbaum-Test. In eben diesem bekannten Familien-Test bemerkte Louis Corman: »Jedesmal, wenn wir mit einem Kind konfrontiert sind, das zu gehemmt ist, um eine Familie zu malen, können wir die Aufgabenstellung auch ändern, indem wir es bitten, eine Tierfamilie zu malen.« (L. Corman, Il disegno della famiglia: test per bambini, Boringhieri, Torino 1976)

Diese Bemerkung brachte mich dazu, den Rat Cormans in die Praxis umzusetzen, jedoch mit einem grundsätzlichen Unterschied: Wenn man die Aufgabe stellt, eine Familie von Tieren zu malen, die der gleichen Spezies angehören, erhält man zwar nützliche Hinweise auf die internen Familienbeziehungen, aber keine Charakterisierung der Figuren von Grund auf. Bittet man aber die Kinder, die verschiedenen Mitglieder der Familie so darzustellen, wie es ihnen ihre Phantasie eingibt, das heißt mit Tieren, die zu verschiedenen Spezies gehören (über 80 verschiedene wurden gezeichnet), dann lernt man nicht nur die Persönlichkeit der einzelnen Figuren kennen, sondern kann sogar charakterliche Besonderheiten (Scheu, Schwäche, Aggressivität, Sanftmut oder Wildheit) einschätzen, und zwar so, wie das Kind sie erlebt. Eine »Zoo-Familie« statt einer normalen menschlichen Familie zu malen, gesteht dem Kind also einen großen Spielraum zu, deckt mehr von seinen unbewußten Phantasien auf, da es seine Abwehr besser umgeht.

Beim Malen schlüsselt das Kind die Tiere, die die Eltern oder Geschwister repräsentieren sollen, nicht nach ihrer symbolischen Bedeutung auf: Die Tiere gehören bereits seinem alltäglichen Phantasiehorizont an; sie fallen ihm auf ganz natürliche, spontane Weise ein.

Das Malen der Zoo-Familie hat sich als projektiver Test von großer Leistungsfähigkeit erwiesen. Sie erlaubt dem Kind, sich aus dem ganzen Reich der Natur frei jene Tiere auszuwählen, die ihm für die Darstellung der eigenen Familienmitglieder und für sich selbst passend erscheinen.

Als ich mich weiter mit der Erforschung dieser projektiven Technik beschäftigte, erhielt ich die Gelegenheit, 400 Zeichnungen zu untersuchen. Dabei überprüfte ich, wie viele Male ein Tier gewählt wurde, um die Eltern, die älteren oder die jüngeren Geschwister oder auch das zeichnende Kind selbst darzustellen. Die Ergebnisse sind, auch unter soziologischen Gesichtspunkten, sehr interessant: Sie sind wie eine Röntgenaufnahme der Veränderungen, die im Inneren der Familie stattgefunden haben, der Änderung der Rollen und des elterlichen Verhaltens.

Eine solche Untersuchung bringt noch ein weiteres Problem mit sich: die korrekte Interpretation der symbolischen Bedeutung, die jedem der Tiere zugeschrieben wird. Wenn die Psychologen die Bedeutung einer Mutter »Schmetterling« untersuchen, laufen sie am Ende Gefahr, Interpretationen zu liefern, die auf Parametern basieren, die aus einer anderen, vergangenen Zeit stammen, und die mit der Bedeutung heute nicht mehr viel zu tun haben. In welchem Maße hat das Verschwinden der ländlichen Gesellschaft, das Entstehen der großen städtischen Ballungszentren, das Aussterben einer Kultur der mündlichen Überlieferung und der Aufbruch ins Zeitalter der Massenmedien die alte Symbolik des Tieres verändert, die für viele Erwachsene immer noch mit vergangenen religiösen und kulturellen Maßstäben verbunden ist?

Die Tiere der Kinder von heute leben zum größten Teil in einer Welt der Fiktion, der Zeichentrickfilme und Comics. Sie haben die Geschichten verblassen lassen, die unsere Eltern und Großeltern noch von Tieren erzählt haben, mit denen sie sich täglich auseinandersetzen mußten, mit denen sie vertraut waren auf eine Art, die jedenfalls in der Kindheit heutzutage unbekannt ist.

Aus der Sicht des Kindes von heute sind in fast allen Bereichen die täglichen Berührungspunkte mit Nutztieren verschwunden, ganz zu schweigen von der aktiven Teilnahme an kollektiven Sitten und Gebräuchen, wo der Mensch sich mit dem Tier gemessen hat (Turniere, Kämpfe, Pferderennen, Eselrennen usw.). Einige Veranstaltungen, wo Tiere beteiligt sind, haben sich heute verändert, sind eher zu touristischen Spektakeln geworden und keine lebendige Tradition mehr, die im Erleben des einzelnen verwurzelt wäre.

Aber kann es nicht sein, daß sich die Tiere, die Walt Disney geschaffen hat, und jene, die von japanischen Trickfilmzeichnern kreiert wurden, in der kindlichen Vorstellungswelt mit den Tieren der Märchen oder mündlichen Überlieferung überlagern bzw. vermischen?

Wir mußten folglich all diese Fragen überprüfen und einen Fragebogen ausarbeiten, mit dessen Hilfe wir solche Veränderungen in der Wahrnehmung des Kindes feststellen konnten. Der Fragebogen, der 400 Kindern aus der Stadt und 200 Kindern aus ländlichen Gebieten vorgelegt wurde, forderte dazu auf, für jedes der genannten Tiere ein Adjektiv anzugeben, das nach Meinung des Kindes die typischen Eigenschaften des Tieres am besten repräsentiert.

Die Daten wurden nach Alter und Geschlecht der Kinder getrennt erfaßt. Die Untersuchung ergab, daß viele kulturelle Stereotype gekippt sind und daß die alten Gleichsetzungen wie »dumm wie eine Gans«, »stur wie ein Esel« etc. für die Kinder heutzutage kaum Bedeutung haben. Für die angemessene Interpretation der »Zoo-Familie«-Zeichnung wurde es unbedingt notwendig, sich die Ergebnisse der Untersuchung zu vergegenwärtigen, Ergebnisse, die von einer neuen Art der Wahrnehmung des Tiers in der Kindheit zeugen.

Der C. A. T.-Test von Corman und der Fabel-Test von Louise Duss, welche die Kinder danach vorgelegt bekamen, haben die Beobachtungen von erlebter Eifersucht, von Angst, von Abhängigkeit, von Selbstentwertung und den Beziehungen der Familienmitglieder untereinander, die aus den Zeichnungen hervorgehen, die in der Untersuchung angefertigt wurden, bestätigt. Der Familien-Test von Corman und der vorliegende Test ergänzen einander und geben auf diese Weise den Psychologen ein Werkzeug in die Hand, das eine umfassende Beurteilung der familiären Dynamik und der Persönlichkeit des Kindes erlaubt. In diesem Sinne, glaube ich, stellt die Darstellung der »Zoo-Familie« einen wichtigen Beitrag dar.

Die Psychologie ist nicht die Wissenschaft der sicheren Gewißheit, wie Corman einmal sagte: Dennoch können wir sagen, durch eine Verbindung der klinischen Untersuchung mit einem zusätzlichen Test können wir gewissermaßen »konvergierende Wahrscheinlichkeit« akkumulieren und dadurch beide zu einer Fast-Sicherheit verbinden.

Literatur

Bettelheim, Bruno: Kinder brauchen Märchen. dtv 1985

Corman, Louis: Der Schwarzfuß-Test (SF-Test). Grundlagen, Durchführung, Deutung und Auswertung. Ernst Reinhardt Verlag 1977

Delort, Robert: Der Elefant, die Biene und der heilige Wolf. Die wahre Geschichte der Tiere. Hanser Verlag 1987

Freud, Sigmund: Werke, Studienausgabe in 12 Bänden, Bd. VIII, Zwei Kinderneurosen. Fischer Taschenbuch 1982

Gmelin, Otto F.: Mama ist ein Elefant. Symbolwelt der Kinderzeichnung. IFEZ-Ed, 3. Aufl. 1990

Lévi Strauss, Claude: Mythos und Bedeutung. Vorträge. Suhrkamp Verlag 1980

– Das wilde Denken. Suhrkamp Verlag 1973

– Das Ende des Totemismus. Suhrkamp Verlag 1972

Lüscher, Max: Farb-Form-Test. Color-Test-Verlag, Luzern 1979

– Die Lüscher-Farben. Mosaik Verlag 1989

Winnicott, Donald W.: Kind, Familie und Umwelt. Ernst Reinhardt Verlag, 4. Aufl. 1984

– Reifungsprozesse und fördernde Umwelt. Fischer Taschenbuch, 3. Aufl. 1988

– Vom Spiel zur Kreativität. Verlag Klett-Cotta, 5. Aufl. 1989

Wörterbuch der Symbolik. Hrsg. von Manfred Lurker, Kröner Verlag, 5. Aufl. 1991

Dieses Buch verdankt seine Entstehung dem unersetzlichen Beitrag der Kinder, der Verfügbarkeit ihrer Lehrer und der Mitarbeit verschiedener anderer Personen. Ihnen allen gilt mein Dank. Besonders möchte ich erwähnen: Pina Altomare, Piera Bacchieri, Annamaria Becattini, Monica Coni, Franca Fanini, Giovanna Hernandez, Rafdaele Occhipinti, Anna Maria Rapone, Paola Turi. Ein besonderer Dank geht an Maria Rita Parsi.

Psychologie und Lebenshilfen

Margaret Donaldson
Wie Kinder denken
Intelligenz und Schulversagen
Aus dem Englischen von Bärbel Fink. Herausgeber der deutschen Ausgabe: Horst Nickel. 146 Seiten. Serie Piper 1239

»Eines der eindringlichsten, ausgewogensten und fundiertesten Bücher, die innerhalb der letzten zwanzig Jahre über die intellektuelle Entwicklung des Kindes verfaßt wurden. Seine Bedeutung für Schule und Elternhaus ist unermeßlich.«
Jerome S. Bruner

Andreas Flitner
Konrad, sprach die Frau Mama...
Über Erziehung und Nicht-Erziehung
173 Seiten. Serie Piper 357

»Flitners knapp und lesbar gehaltenes Buch ersetzt Regale von erziehungswissenschaftlicher Literatur. Der ersehnte Leitfaden im Labyrinth der Erziehungsprobleme – hier ist er.«
Süddeutsche Zeitung

Vom gleichen Autor sind lieferbar:

Reform der Erziehung
Impulse des 20. Jahrhunderts. Jenaer Vorlesungen
Mit einem Beitrag von Doris Knab. 252 Seiten. Serie Piper 1546

Spielen – Lernen
Praxis und Deutung des Kinderspiels
137 Seiten. Serie Piper 22

PIPER

Psychologie und Lebenshilfen

Lust an der Erkenntnis
Die Pädagogik der Moderne
Von Comenius und Rousseau bis in die Gegenwart.
Eine Lesebuch. Herausgegeben von Hans Scheuerl.
499 Seiten. Serie Piper 1201

Birgitt von Maltzahn/Daniela Schetar
Mit Kindern unterwegs
Vom Ausflug bis zur Fernreise. Gute Ideen und praktische Tips
199 Seiten. Serie Piper 1637

Dieses Buch gibt Tips zur Reisevorbereitung und -gestaltung, zur Gesundheitsvorsorge und Impfprophylaxe, informiert über altersgerechte Urlaubsformen, auch Reisemöglichkeiten mit behinderten Kindern, und bietet eine Fülle von Anregungen für ungewöhnliche Reiseziele, wo sowohl Kinder als auch Eltern auf ihre Kosten kommen.

Christa Meves
Verhaltensstörungen bei Kindern
155 Seiten. Serie Piper 575

Angelika und Thomas Pollmächer
Mein Baby ist behindert – was tun?
155 Seiten. Serie Piper 1821

Werner und Xenia Raith
Barbie und Pistolen
Warum Prinzipienreiterei den Kindern schadet
122 Seiten. Serie Piper 1982

PIPER